仕事が速い人は速い人は何をしているのか？

ビジネスフレームワーク活用法

竹村孝宏 著

セル

JN063062

はじめに

　皆さんの職場に、こんな人がいるのではないでしょうか？
「相手の発言に対して、わかりやすく的確なコメントができる」
「意思決定するとき、多角的・総合的に分析して判断できる」
「会議やミーティングの場で、論点や根拠を素早く整理できる」
　仕事のスピードが速い人、仕事ができる人は、どのように考えて仕事をしているのでしょうか。できるビジネスパーソンは、限られた時間の中で最大限の成果を出すために、「ビジネスフレームワーク」を活用しています。
　フレームワーク（framework）とは、「枠組み」「構造」といった意味であり、ビジネスフレームワークとは、ビジネスにおける様々なケースに用いることができるように体系化された思考の枠組みです。情報や考え・状況をわかりやすく図式化したもので、それらに沿って考えることで、分析や思考を効率的かつ効果的に進めることができます。
　どの範囲で何を考えるかという枠組みが決まるため、その枠以外のことを考えなくていいので、ムダがありません。これまで、様々なビジネスを行ってきた人や、経営学者が築き上げた先人の知恵であり、ビジネスがうまくいくための捉え方や視点といったエッセンスが凝縮されています。
　ビジネスフレームワークを習得するメリットを考えてみましょう。
●要点を絞って思考するため、より速くアウトプットに辿り着くことができる。
●複雑なテーマに取り組むとき、考えるべき要素の抜け、漏れを防ぐことができる。

●相手に要点を整理して視覚的に伝えることで、より速く深く理解
　してもらえる。
　　本書では、ビジネスでよく使うフレームワークを 73 項目選定し
ました。
　　様々な課題に対してビジネスフレームワークを活用すれば、当て
はめた情報が整理され、目標達成への道筋を見つけやすくなります。
　　目的によって使用するビジネスフレームワークも異なります。目
的に合ったビジネスフレームワークを選んで使ってみましょう。
　　フレームワークに自分自身の仕事を落とし込み、腹に落ちるまで
徹底して使い、自分なりのやり方を見出してください。
　　フレームワークが使えるようになってくれば、目の前の仕事だけ
ではなく、会社経営全体のことも理解できるようになってきます。
そうすれば、目線を高くして日々の仕事に取り組むことができるよ
うになります。
　　本書が、仕事を効率的にこなしたいビジネスパーソンのお役に立
てることを願っております。

　2021 年 7 月

　　　　　　　　　　　　　　　　　　　　　竹村　孝宏

仕事が速い人は何をしているのか？
ビジネスフレームワーク活用法　目次

はじめに

第1章　問題解決力を高める

第2章　企画開発力・提案力を高める

第3章　自社のブランド力を高める

第4章　戦略に必要な分析力を高める

第5章　戦略構築力を高める

第8章　組織基盤を盤石にする

おわりに

参考文献

第1章

問題解決力を
高める

01　As-is/To-be：
　　あるべき姿と現状から問題を特定する

あるべき姿と現状からギャップを発見する

　「As-is/To-be」は、あるべき姿と現在の状況を比較して、そのギャップを可視化して、問題を正しく把握するためのフレームワークです。

　問題とは、あるべき姿と現状とのギャップであり、問題を発見するためには、「あるべき姿（To-be）」を明らかにして、「現状（As-is）」を正しくとらえる必要があります。

　両者のギャップを明らかにした上で、そのギャップを克服する方法を考えて実行するのが問題解決です。

発見した問題をより明確に定義する

　「As-is/To-be」の考え方は、計画や戦略の立案だけでなく、個人の目標まで、規模に関係なく活用できます。

　「あるべき姿」と「現状」を明確にして問題を特定することで、「場当たり的な計画」ではなく、「ゴールを目指した計画」を立てることができます。

　あるべき姿は、明確にイメージすることが大切です。

　発見した問題が漠然としていては、効果的な対策を打つことができません。

　問題を明確に定義づけるためには、「なぜ問題なのか」「いつの問題なのか」「誰にとっての問題なのか」「どこの問題なのか」を考えることが有効となります。

【図表 1　As-is/To-be の使い方】

●As-is/To-be の使い方

> 1．何について考えるのかテーマを決める
> 2．未来におけるあるべき理想の状況を描く
> 3．あるべき姿に対して、今どのような状況にあるのかを整理する
> 4．あるべき姿と現状とのギャップ（＝問題）を分析する
> 5．問題を解決するための行動を明確にする

●問題を明確に定義づける

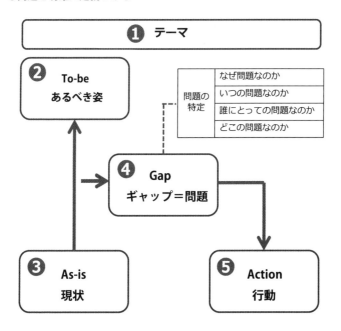

02　6W2H：
絡み合った物事をモレなく整理する

8つの問いで抽象的なテーマを具体化する

　6W2H は、抽象的なテーマを 8 つの要素で整理することによって具体化し、目的や要件を明確に把握するためのフレームワークです。

　「誰が (Who)」「何を (What)」「誰に (Whom)」「いつ (When)」「どこで (Where)」「なぜ (Why)」「どのように (How)」「いくらで (How much)」の 8 つの疑問詞を用いて問いかけることで、やるべきことが具体的になり、イメージしやすくなります。

様々な場面で多面的に考察するときに使う

　6W2H は、問題の分析、収集した情報の並替え、アイデア発想などで絡みあった物事などを整理して、多面的に考察するときに有効です。

　テーマに対して、様々な視点から観測・整理することができ、客観的な視点で思考を広げたり、今まで気づけなかった視点を得ることができます。

　ただ、正解を追い求めるものではなく、8 つの視点から問いかけることで、「モレなく」考えることができます。

　具体的に書き出すことで思考が整理され、それまで気づかなかった新しい問題点や発想の転換ができるようになります。

　商談や打合せの場面では、要点を整理して簡潔に伝えることで情報共有がやりやすくなります。

【図表 2 6W2H の使い方】

● **6W2Hの使い方**

> 1. テーマを決める
>   ・何について考えるのかを決めて中央に書き込む。
> 2. 8つの問いかけに答えていく
>   ・テーマに対して、
>   ①誰が（Who）
>   ②何を（What）
>   ③誰に（Whom）
>   ④いつ（When）
>   ⑤どこで（Where）
>   ⑥なぜ（Why）
>   ⑦どのように（How）
>   ⑧いくらで（How much）

● **テーマを8つの要素で具体化する**

Who 誰が	What 何を	Whom 誰に
人物、組織、役割など、主語を明確にする	問題や事象、商品やサービスなど考察する対象についての事実や構造を明確にする	対象者を明確にする
How どのように 手段、プロセス、方法を明確にする	テーマ	**Why なぜ** 目的、原因、前提条件、狙いを明らかにする
When いつ	Where どこで	How much いくら
実行日、納期、期間やタイミングを検討する	場所、位置を検討する	時間や金、人材などリソースを検討する

03　なぜなぜ分析：
なぜを繰り返して真の原因を明らかにする

原因を深掘りして真因を突きとめる

　なぜなぜ分析は、「なぜ」を繰り返し問いかけることにより、問題の根本原因（＝真の原因）を明らかにするためのフレームワークです。

　直接的な問題だけを見て対策を行うと、その場では解決したように見えても、真の原因が解決できていないために、問題が再発する可能性があります。

　問題に対して、「なぜ」を問うことを繰り返し、直接原因だけではなく、背後にある真の原因を突きとめます。

原因は「ヒト」ではなく「仕組み」にフォーカスする

　問題となる事象に対して「5回のなぜを繰り返す」と言われますが、「なぜ」を繰り返していくことで、真因が見つかった時点で分析をやめても構いません。

　5回繰り返しても見つからなければ、さらに「なぜ」を繰り返して、再発防止につながる原因を見つけ出すことが必要です。

　原因は、「ヒト」ではなく「仕組み」にフォーカスして追求するようにしましょう。

　原因を「ヒト」に求めてしまうと、それ以上の原因を究明しようとしなくなるからです。

　真の原因が見えてきたら、「何を」「どうする」を意識して具体的な解決策を立てます。

【図表3　なぜなぜ分析の使い方】

● **なぜなぜ分析の使い方**

> 1．問題を設定する
> 　　・問題となっている課題を具体的に定義する。
> 2．なぜ？を問いかける
> 　　・問題が発生した原因をリストアップする。
> 3．なぜ？を繰り返す
> 　　・なぜ？を問いかけながら、原因のさらにその奥の要因を探る。
> 4．解決策を検討する
> 　　・何を、どうするのか、具体的な解決策を立てる。

> **なぜなぜ分析の7つのポイント**
>
> 1．何を解決するのかを明確にする
> 2．事実にフォーカスする
> 3．因果関係を意識して原因を究明する
> 4．1つの課題に対して1つの原因に絞る
> 5．分析は具体的に表現する
> 6．ヒトではなく仕組みにフォーカスする
> 7．コントロールできる範囲にとどめる

● **なぜなぜ分析の例**

> 問題：Aさんが商品の発注数量ミスをした

> なぜ：Aさんは入力数値のミスに気がつかなかった

> なぜ：発注業務についての確認ができていない

> なぜ：確認作業のルールがない

> なぜ：現場のフローやルールは、店長しかわからない

> なぜ：全店共通のマニュアルがない

> 対策：全店舗共通の業務マニュアルを作成し、毎年1回の研修を
> 　　　実施する

04　Why ツリー： 問題の原因を整理して絞り込む

問題が「なぜ起きたのか？」を問いかけていく

　Why ツリーは、原因追求ツリーとも呼ばれ、ある問題に対して原因を列挙し、根本原因が何なのかを突きとめるためのフレームワークです。

　1つの課題に対して、「なぜ起きたのか」という原因を列挙して並べて、それぞれの原因について「Why」を問い続けて分析していきます。

　問題の原因となる要素を網羅的に洗い出し、特に影響が強く、本質的な原因を突き詰めます。

原因を網羅的に把握して根本的な原因を突きとめる

　Why ツリーを使って問題を定義して原因を書き出すことで、論理展開が明確となり、問題を取り巻く全体像が見えてきます。

　問題を掘り下げて、問題を構成している原因をモレなくリストアップすることで、全体像が把握できます。

　第二階層以降は、「「Why」を問いかけながら「モレなくダブりなく」要素を分解していきます。

　階層が深くなり、より詳細に原因を体系的に追究していくことで、絡み合った原因を整理して、根本原因を見極めて、具体的な対策を検討することができます。

　原因を追求することで、本質的な原因を特定できれば、より有効な解決策を考えることができるようになります。

【図表4　Why を問いかけて原因を突き止める】

● Why を問いかけて原因を突き止める

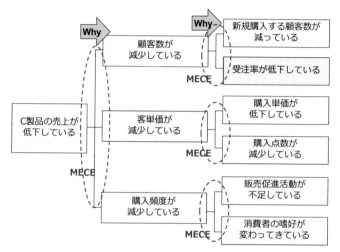

※MECE（ミッシー/ミーシー）：漏れがなくダブりもない状態

● MECE で考えるための切り口

切り口	具体例
二項対立	対立関係にある2つの要素で分ける （例）男性/女性、良い/悪い、質/量、定量的/定性的
要素分解	分解した要素の総和が全体となるようにする （例）顧客の年齢層、エリア、購入場所、購入頻度
因数分解	掛け算型とも言われる （例）売上＝客単価×客数、売上＝商品単価×販売数
時系列 プロセス・過程	時系列や段階で分解する （例）PDCA＝計画→実行→評価→改善
フレームワーク	フレームワーク（枠組み）でとらえる （例）3C、4P、6W2H、SWOT

05　How ツリー： 問題の解決策を具体化する

「どのように解決するのか」を問いかけていく

　How ツリーは、問題解決型ツリーとも呼ばれ、問題を解決するための方策を組み立てるために役立つフレームワークです。

　「How」を問いかけて、「どのようにして解決するのか」を考えていきます。

　具体的な行動に落とし込めるまで掘り下げていくことで、問題に対して「何をどう実行すればよいか」という改善策を具体化することができます。

具体化した解決策に優先順位をつける

　How ツリーのメリットは、問題と解決策の全体像をわかりやすく可視化できることです。

　何から取りかかってよいかわからない問題を第二階層、第三階層と MECE を意識して、因果関係のつながりを確認しながら深掘りしていくことで、具体的な解決策を整理することができます。

　洗い出した施策は、実現可能性やインパクトの大きさから判断して優先度の高いものから取り組む必要があります。

　そのためには判断するための指標を決めて、「効果、時間、コスト」などで評価し、優先順位をつけます。

　様々な解決策を横並びで比較し、評価して優先順位をつけることで、実行に移すための計画が具体的になり、行動に移しやすくなります。

【図表5　How を問いかけて解決策を具体化する】

● **How を問いかけて解決策を具体化する**

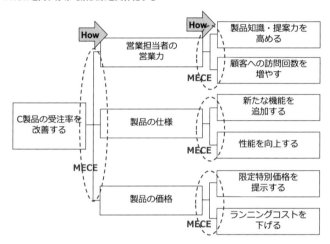

※MECE（ミッシー/ミーシー）：漏れがなくダブりもない状態

● **解決策には優先順位をつける**

	効果	時間	コスト	
製品知識・提案力を高める	○	×	△	
顧客への訪問回数を増やす	△	○	△	2
新たな機能を追加する	○	×	×	
性能を向上する	○	×	△	
限定特別価格を提示する	○	○	△	1
ランニングコストを下げる	○	△	×	

06　特性要因図：
問題の要因をモレなく列挙する

問題の特性と影響を及ぼす要因の因果関係を可視化する

　特性要因図は、工学博士の石川馨氏によって提唱された、特性（結果）がどのようにして引き起こされたかを図式化して問題点をあぶり出すために用いられるフレームワークです。

　特性に影響を及ぼす可能性があると考えられる要因を列挙し、分類して整理することで、要因と特性の因果関係を明らかにすることができます。

　魚の骨に似た形をしているため、フィッシュボーン（魚の骨）図と呼ばれることもあります。

様々な問題の原因を見つけ出して次の業務に活かす

　特性要因図は、不良品の発生やクレームが発生した場合に原因を探して対策を打つ場合、品質の向上、コスト削減に活用することができます。

　作業効率を上げるために現状を分析して改善するときにも、見落としている要因がないかを洗い出すことで、原因究明の手がかりを得ることができます。

　新製品開発、新サービスの展開など新たな活動を行う場合にも、問題につながると考えられる要因をできるだけ多く抽出して、事前の対策に役立てることができます。

　製造現場だけではなく、間接部門、開発や営業部門など、様々な分野に応用することができます。

【図表6　特性要因図の使い方】

●特性要因図の使い方

1．原因を究明したいテーマ（背骨）を記載する

2．それぞれの要因（大骨）を挙げて書き入れる

3．大骨に関連する小さな要因（小骨）を記載する

4．さらに問題を掘り下げる

5．重要な要因や原因を特定する

※大骨を考えるときに有効な"4M"
抽出した要因を整理する際に大骨として活用できる

・人（Man）　　　　：力量、経験、習熟度
・機械（Machine）　：性能、制度、保全状態
・方法（Method）　　：作業方法、作業手順、作業環境
・材料（Material）　：材料特性、保管状態、納入業者

●考えられる要因を図解する

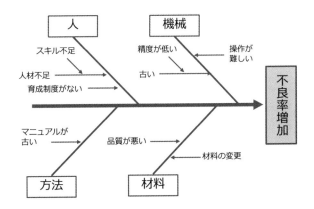

07　プロセスマッピング：
　　　仕事の流れのボトルネックを見つける

仕事の一連の流れを見直すことで最適化を図る

　プロセスマッピングは、仕事の流れを「見える化」して、全体の制約となっているボトルネックはどこにあるのかを見つけ出すために有効なフレームワークです。

　対象となる業務やプロジェクトの仕事の流れを「インプット（入力）」「プロセス（工程）」「アウトプット（出力）」の３つで表わして、仕事の流れを視覚化します。作業の効率が悪く、足かせになっている原因である「ボトルネック」を探して、必要な対策を打ちます。

ボトルネックを早期に発見して解消するように動く

　工程にボトルネックがあると、仕事やプロジェクト全体の遅延に繋がり、期限に間に合わなくなります。

　円滑に仕事やプロジェクトを進めるためには、ボトルネックを逸早く発見して、原因を取り除いて、全体の流れが円滑になるようにする必要があります。

　プロジェクトにおいてプロセスマッピングを活用することで、各メンバーがプロジェクトのどこに配置されているか、自分の作業が他のメンバーにどのように影響するかを目で見て判断しやすくなり、チームを効果的にゴールに導くことができます。

　プロセスマッピングは、実際に起こっている作業や行動を関係者が集まって描き出していくことで、全員で問題点を探し出す手法といえます。

【図表7　仕事の流れを見える化する】

●仕事の流れを見える化する

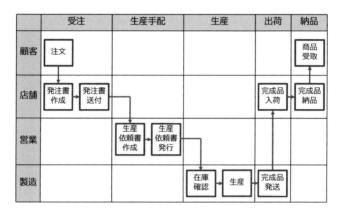

	受注	生産手配	生産	出荷	納品
顧客	注文				商品 受取
店舗	発注書 作成　発注書 送付			完成品 入荷	完成品 納品
営業		生産 依頼書 作成　生産 依頼書 発行			
製造			在庫 確認　生産	完成品 発送	

●ボトルネックを見つけて改善する

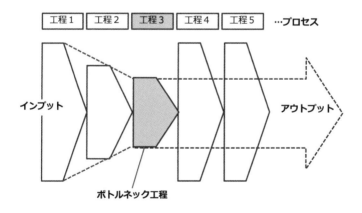

| 工程1 | 工程2 | 工程3 | 工程4 | 工程5 | …プロセス |

インプット

アウトプット

ボトルネック工程

全体の処理能力はボトルネック工程の能力で決まる

08　重要度・緊急度マトリクス： 仕事の優先順位を決定する

緊急度と重要度で問題や仕事を4つに分ける

　重要度・緊急度マトリクスは、経営コンサルタントのスティーブ ン・R・コヴィー氏が提唱した、仕事や問題を重要度と緊急度の2 つの軸で整理して優先順位を決めるフレームワークです。

　タテ軸とヨコ軸に、「重要度」と「緊急度」をとり、「A：重要度 が高く、緊急度も高い領域」「B：重要度が高いが、緊急度が低い領域」 「C：緊急度が高いが、重要度が低い領域」「D：重要度も緊急度も 低い領域」の4つに仕事や課題を分類していきます。

仕事に優先順位をつけて計画的に取り組む

　「A領域」の仕事は、最優先になるので早急な取組みが必要であり、 やらなければビジネスにおいて大きな損失になる可能性がある領域 です。

　逆に「D領域」は、優先度が低いので止めてしまうか、手をつけ るなら他の仕事が終わってから、なるべく時間をかけないように処 理します。

　「C領域」は、緊急度が高く重要度は低いので、なるべく時間を かけずに効率的に対応することを考えます。

　「B領域」は、緊急性が低いので後回しにされがちですが、将来 の価値につながる可能性の高い仕事です。意識的に着手できるよう にスケジュールを管理したり、期限を設定して計画的に取り組む必 要があります。

【図表8　重要度・緊急度マトリクスの使い方】

● **重要度・緊急度マトリクスの使い方**

> 1．仕事を4つの領域に仕分けする
>
> 〈A領域〉緊急度も重要度も高い
> 　　⇒即時対応する必要があるので先に着手する
>
> 〈B領域〉緊急度が低いが重要度は高い
> 　　⇒将来への投資となるので意識的に着手する
>
> 〈C領域〉緊急度が高いが重要度は低い
> 　　⇒なるべく時間はかけずに早めに対応する
>
> 〈D領域〉緊急度も重要度も低い
> 　　⇒将来の役に立つことがほとんどなく時間の浪費
>
> 2．仕分けした仕事を2×2のマトリックスに整理する

● **仕事を4領域に分類して優先順位をつける**

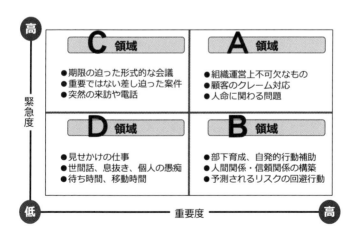

09　ペイオフマトリクス： 効率的にアイデアを選択する

アイデアを4つの領域にマッピングして比較する

　ペイオフマトリクスは、「効果」と「実現性」の2つの軸で構成されるマトリクスを用いて、効率的にアイデアを選択するためのフレームワークです。

　アイデアの評価基準を「効果」「実現性」の2つとして、出された多くのアイデアを「実現性が高く効果も高い」「実現性は低いが効果は高い」「実現性は高いが効果は低い」「実現性も効果も低い」の4つの領域に整理することで、優先順位をつけることができます。

アイデアの相対的なポジションが一目でわかる

　取り得るアイデアが複数ある場合、それぞれ一長一短があり、優劣の判断が難しいことがあります。

　アイデアを一とおり出した後、このフレームワークを活用することで、個々のアイデアの相対的なポジションや価値が一目でわかり、優先順位をつけやすくなります。

　効果が高く簡単にできるアイデアは、優先して実施しましょう。効果が高くても実現性が難しいものは、計画的に取り組む必要があります。

　効果が小さいアイデアは、やるべきどうかを判断します。

　アイデアを出す作業とアイデアの優先順位づけは、同時に行ってしまうと評価の高いアイデアに引っ張られて自由な発想が制限されてしまうことがあるので注意しましょう。

【図表9　ペイオフマトリクスの使い方】

●ペイオフマトリクスの使い方

1．アイデアを書き出す
・制限なくアイデアを書き出す。

2．マトリクスを用意する
・アイデアを書き出したらマトリクスを用意する。

3．選択肢を配置していく
・マトリクス上にアイデアを配置していく。

4．評価・選択を行う
・マトリクス上に全てのアイデアが配置できたら、評価を行い、実行するアイデアを選択する。
・効果が高く実現性も高いものから優先して実行する。

●アイデアの優先順位を決める

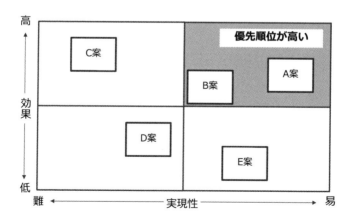

10　意思決定マトリクス： 定量的・客観的に選択肢を評価する

定量的・客観的にアイデアを評価する

　意思決定マトリクスは、複数のアイデアや課題などの選択肢があるとき、評価指標をもとに、どの選択肢が最善かを判断するためのフレームワークです。

　アイデアや課題を並べて、複数の評価項目を設定して点数をつけていくことで、客観的な判断を行います。

　各評価項目に重み（重要度）を設定して掛け合わせることで、定性的な面だけでなく、定量的な面も考えた上で判断できます。

多面的な評価で最善の選択肢を選ぶ

　意志決定マトリクスでは、評価項目の設定と重みの置き方が重要となります。

　チームで活用する場合は、評価項目の意味や定義をメンバー間で共有しておくことが重要です。

　基本的には、総合点の高い選択肢を採用することになりますが、必ずしも最高得点のものを選択しなければならないわけではありません。

　定性的な情報、定量的な情報のどちらが一方に頼るのではなく、両方の要素を考えた上で最終的な意思決定を行うことが大切になります。

　個人での活用はもちろん、アンケート形式にして複数人で使うこともできます。

【図表 10　意思決定マトリクスの使い方】

● 意思決定マトリクスの使い方

1．評価対象を決める

・評価の対象となる選択肢を整理して記入する。

2．評価項目と重み（倍率）を設定する

・目的に応じて、評価項目と重みを設定する。
・重みとは、その評価項目を点数化するための比重である。

例　評価項目
　　緊急性、重要性、実現性、収益性、効果性、将来性
　　インパクト、優位性、展開性など

3．評価を行う

・各項目を点数化して評価する。
・全項目について点数化したら、右の列に合計点を集計する。
・数値として可視化された情報をもとに意思決定へと進む。

● 定量的・客観的に評価する

評価項目	新規性	実現性	効果性	実用性	リスク	合計
重み	×3	×3	×2	×1	×1	
A案	4	2	2	4	4	30
B案	3	1	3	5	2	25
C案	1	3	5	1	3	26
D案	3	3	2	2	4	28

第１章のまとめ

　問題を解決するためには、ただやみくもに考えるのではなく、フレームワークに従って、漏れなくダブりなく、順序だてて考えることが効率的です。

　論理的に問題の本質を見つけ出すことによって、的確な解決策を導き出すことができます。

● 「As-is/To-be」は、現状とあるべき姿とのギャップから問題を特定して、あるべき姿に到達するために何をするべきかを考えるフレームワークです。

●現状をモレなく把握するためには「6W2H」で、整理するのが効果的です。

●発生した問題の原因を追究して真因を絞り込むためには、「なぜなぜ分析」「Why ツリー」を使って、「なぜ？」を問い続けていきます。

●モレなく原因をあぶり出すためには、「特性要因図」「プロセスマッピング」も汎用性が高いフレームワークです。

●問題解決に役立つのが「How ツリー」です。「どうやって？」と問いかけながら、解決策を具体化していきます。

●問題の解決策は、絞り込んで優先度を決める必要があります。そのために有効なフレームワークが「重要度・緊急度マトリクス」「ペイオフマトリクス」「意思決定マトリクス」です。

第2章

企画開発力・提案力を高める

11　ブレインストーミング： 4つのルールに従って発想を広げる

4つのルールを守って自由にアイデアを発想する

　ブレインストーミングは、アメリカの大手広告代理店のアレックス・F・オズボーン氏によって考案された、複数人が集まって自由にアイデアや意見を出し合う方法の1つです。

　効果を高めるためには、4つのルール「アイデアは批判しない」「自由奔放なアイデアも歓迎する」「質より量を重視する」「アイデア同士を結合する」を事前に共有し、参加メンバー全員で発想の枠を拡げて、アイデアを積み上げていくことを心がけます。

目的を明確にして考え方の異なる人を集める

　ブレインストーミングは、参加者が自由に発言し、刺激し合うことで、新たな発想が生まれる場をつくることができます。

　そのためには、ブレインストーミングを行う前に、目的を明確にしておく必要があります。

　目的が明確になっていないと、方向性を見失ったアイデアが出てしまう可能性があります。

　様々なアイデアを出すためには、可能な限り立場や考え方の異なる人を集めることが望ましいといえます。

　アイデアを効果的に出すためには、アイデアを出し合うこととまとめることを別々に行うことが大切です。

　結論は出す必要はありませんが、やりっぱなしで終わらないように、出されたアイデアは必ず記録・整理をしておきましょう。

【図表 11　ブレインストーミングの進め方】

● ブレインストーミングの進め方

---

1. 司会進行役、書記を決める

2. ホワイトボードか大きい紙、付箋もしくは小さなカードを用意する

3. アイデアを出す時間は、挙手制か順番制でたくさんのアイデアを自由に出し合う

4. 出されたアイデアは、書記がどんどん書いていく

5. アイデアをまとめる時間には、出されたアイデアの中から、似たアイデア同士をまとめて、わかりやすいようにグルーピングする

6. どのアイデアを優先するか、実行可能な順番をつける

● ブレインストーミング4つのルール

---

1. **アイデアを批判しない**
   ・批判されたり、その場で判断をしてしまうと、思考に制限がかかってしまい、新しいアイデアが生まれにくくなってしまう。

2. **自由奔放なアイデアも歓迎する**
   ・突拍子のない意見でも、そこが新たな基点となり、考えもつかなかったようなアイデアがひらめく可能性がある。

3. **質より量を重視する**
   ・人よりもいいアイデアを出そう、質の高い意見が必要だと意識し過ぎると、時間だけがかかってしまい、アイデアは生まれない。

4. **アイデア同士を結合する**
   ・これまでに出されたアイデアを土台にしたり、組み合わせられないかを考えることで、新たな発想が生まれやすくなる。

12　SCAMPER（スキャンパー）： ７つの切り口を活用して発想する

７つの問いで強制的にアイデアを拡げる

　SCAMPER（スキャンパー）は、創造性開発研究家のＢ・エバール氏がオズボーンのチェックリストを改良して提唱した、７つの問いを使ってアイデアを発想するフレームワークです。

　既存のアイデアを７つの質問「代用」「結合」「応用」「修正」「転用」「削除」「逆転」に答えることでアイデアを別の角度から捉えたり、よりよいものにしたり、自由にアイデアを膨らませていきます。

　枠組みに沿って発想することで、意図的・機械的に発想することができます。

商品・サービスの改良や改善案を考えるときに有効

　いきなり新しいアイデアを生み出すのは大変であり、時間もかかります。

　SCAMPER は、テーマに対して質問を１つひとつ問いかけて強制的にアイデアを出していきます。短時間で新しい発想をたくさん生み出すことができるので、商品・サービスの改善案を考えるときなどに有効です。

　アイデアを発想するときには、質より量が大切です。出されたアイデアは、見える状態にして、出されたアイデアのよし悪しはその場で評価せず、まずはどんどんアイデアを出していきます。

　出されたアイデアは見える状態にして、出し切ったあとで目的に照らし合わせて判断します。

【図表12 7つの質問によってアイデアを発想する】

● 7つの質問によってアイデアを発想する

	視点	質問
S	Substitute	代用できるか？
C	Combine	組み合わせることはできるか？
A	Adapt	応用できるか？
M	Modify Magnify	修正/拡大できるか？
P	Put to other uses	他に転用できるか？
E	Eliminate Minify	削減/削除できるか？
R	Reverse Rearrange	逆転/再編成できるか？

● テーマと質問を1つひとつ組み合わせる

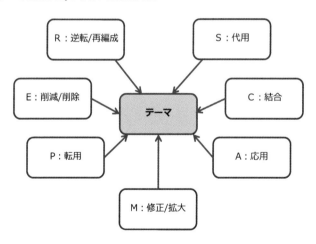

13　マインドマップ：
頭の中で考える順番に連想する

頭の中で自然に行っている思考プロセスを描き出す

　マインドマップは、英国の作家のトニー・ブザン氏が提唱した、基本テーマとテーマから連想するものを繋げていくことで発想をしやすくするフレームワークです。

　中央にテーマを配置して、そのテーマから連想されるアイデアや情報を線で繋げながら、樹木が枝を広げるように放射状に展開していきます。

　頭の中の思考プロセスを可視化することにより、アイデアが階層別に整理されて、全体像が一目でわかります。

連想によって思考やアイデアが広がる

　マインドマップは、考えたいテーマを中央に配置して、そこから頭の中で考える順番にアイデアを書き出して放射状に線で繋ぎながらつくっていきます。

　考えていることを視覚化することによって、作成していく過程で関連する事柄にまで発想が拡がり、新たな思考やアイデアが生まれやすくなります。

　論理的な整合性は気にせずに、思い浮かぶままに書いていくことで、記憶するのに適した方法で頭を使うため、理解力を向上させる効果があります。

　文章を書き並べることに比べて、複雑な内容でもコンパクトな空間にまとめて表現できるメリットもあります。

【図表13　テーマからツリー状に連想する】

● テーマからツリー状に連想する

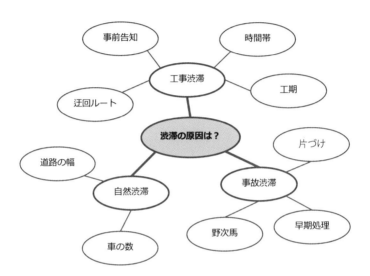

● マインドマップの5つのルール

1．無地の用紙の中央にテーマを書く
2．真ん中から放射状に項目をつなげていく
3．1つの線に「1つの単語」が原則
4．主要な線は太くして強調する
5．色を使って視覚的にわかりやすく書く

14　カラーバス：
　　意識することで情報が自然に入ってくる

意識したことが優先的に目に留まる

　カラーバスは、ある特定のことを意識することで、それに関する情報が無意識に目に留まりやすくなる心理効果を利用してアイデアを出す手法です。

　意識したものを優先的に情報として認識する現象として、「カラーバス効果 (Color Bath Effect)」があります。

　人間の脳は、色に限らず、言葉やイメージ、モノなどの情報に対して、特定のことを意識しておくと、そのことに関する情報が目に留まるようになるのです。

必要な情報を意識することで逃がさずキャッチできる

　例えば、朝、家を出る前に「きょうのラッキーカラーは赤」と決めたとすると、急に身の回りの赤いものが目につくようになります。

　途中で妙に赤いクルマが目についたり、赤い色に塗られたものが次々と目に入ってきます。これがカラーバス効果です。

　もともとアイデアを発想するための手法ですが、仕事での問題や課題など特定の物事を自分にとって必要性の高い情報として意識することで、普段であれば見逃したり、聞き逃したりしているような情報もキャッチすることが可能になります。

　カラーバス効果をうまく活用すれば、必要な情報を効果的に集めることができます。ビジネスやマーケティングの場で活用することで、高い成果を得ることができます。

【図表 14　カラーバスの進め方】

●カラーバスの進め方

1．テーマを決める
・アイデア発想をする対象テーマを決める。

2．色を決める
・「赤」「青」「黄」何色でも構わない。

3．決めた色のものを探す
・決めた色を持っているモノを探して書き出す。
　例えば、「赤」と決めたなら、「ポスト」「消防車」など

4．連想するものを書き出す
・書き出したものから連想される要素を自由に書き出す。
・例えば、「ポスト」を書き出した場合「手紙」「郵便」「回収」など

5．アイデアを考えて書き出す
・思い浮かんだ要素をもとに、設定したテーマに沿ってアイデアを
　考える。

●カラーバス～アイデア発想シート

アイデア発想するテーマ	選択した色

選択した色を持っているモノ

そこから連想されるモノ

アイデア

15　ブレインライティング：他者のアイデアをもとに発想を広げる

回覧板のようにアイデアシートを回す

　ブレインライティングは、発言せずにアイデアをシートに書いて回覧板のように回していき、前の人のアイデアを借りてアイデアを広げていくフレームワークです。

　発言が苦手な人からもアイデアを集めやすく、参加者全員がアイデアを書くので、各個人のアイデアをもれなく集めることができます。

　否定的な意見が入る余地がなく、たくさんのアイデアが生まれやすくなります。

必ず関連したアイデアを出すことを意識する

　ブレインライティングを行う目的は、強制的にアイデアを多く出すことであり、アイデアの質にはこだわらず、思いついたことを記入していきます。

　前の人が書いたアイデアが、たとえ的外れだと思ったとしても、必ず関連したアイデアを出すことを意識します。

　限られた時間の中で、枠をすべて埋めきることを目標として書き出し、その上で次の段階へと繋がるアイデアを選定していきます。

　そうすることで、自分1人だけでは考えつかなかったような幅広いアイデアが出せます。

　アイデア出しに詰まったときや、会議の場を活発にしたいときなど、ブレインライティングを活用してみましょう。

【図表 15　ブレインライティングの進め方】

●ブレインライティングの進め方

1．少人数 (6人前後)のグループをつくる
2．アイデアを出すテーマを決める
3．1行目の3マスにアイデアを1つずつ書く
4．左の人に自分のシートを渡し、右の人からシートをもらう
5．2行目の3マスにアイデアを書く
6．左の人に自分のシートを渡し、右の人からシートをもらう
7．6行目が埋まるまで繰り返す

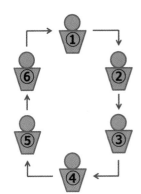

●ブレンライティング シート

	アイデア1	アイデア2	アイデア3
テーマ　職場のコミュニケーションを活発にする			
1	5分間で3つのアイデアを考え、書いたら隣の人に回す		
2	上段の3つを参考にして新たに3つ書いて、隣の人に回す		
3	上段の6つを参考にして新たに3つ書いて、隣の人に回す		
4			
5			
6			

16　マンダラート： 3×3マスでアイデアを広げる

マスを埋めていくことで発想が広がる

マンダラートは、デザインコンサルタントの今泉浩晃氏が考案した３×３の９マスを使ってアイデアを整理し、発想を広げていくフレームワークです。

３×３のマス目を描いたシートの中央にテーマを書いて、連想するアイデアを周囲の８つのマス目に記入します。

新たに３×３のマス目シートを８枚用意し、それぞれの中央に８つのアイデアを書き出して周囲に関連するアイデアを考えていきます。

短時間で 64 個のアイデアが生まれる

マンダラートは、あるキッカケから連想していくという人間の思考を利用して、頭の中にあるものを書き出していく方法です。

９つのマスの真ん中にテーマや目標などを書き込み，周辺の８つのマスを強制的に埋めていくことで、固定観念を取り払ってアイデアを考えます。

１つのテーマから合計 81 マスが埋まり、64 個のアイデアをひねり出すことができます。

アイデアは、発想したその場で評価するのではなく、出し切ったところで判断することが大切です。

アイデアを出すことに専念することで、様々な視点からのアイデアが生まれ、そのあとアイデアの質を求めるようにしていきます。

【図表16　マンダラートの進め方】

●マンダラートの進め方

> 1．3×3の9マスの中央の枠にテーマを書く
>
> 2．周囲の8マスに関連するアイデアや語句を書き入れる
>
> 3．8つのアイデアや語句を中心にして新たな3×3の9マスを作成する
>
> 4．それぞれの周囲の8マスに関連するアイデアや語句を考えて書き出す

●テーマから連想されるアイデア（要素）を広げていく

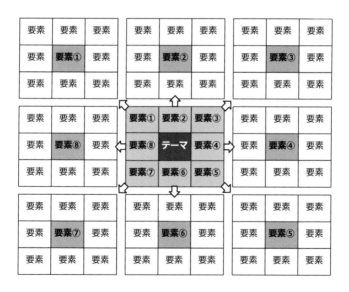

17　シックスハット：
　　6つの役になり切って考える

帽子の色ごとに役割を決めて発言する

　シックスハットは、水平思考を提唱したE・デ・ボーノ氏が提唱した、6色の帽子ごとに役割を決めて役割になり切ってアイデアを出すフレームワークです。

　各々の帽子の色には、「白：客観的」「赤：感情的」「黄：肯定的」「黒：否定的」「緑：創造的」「青：管理的」の6つの視点が決められています。

　参加者全員が時間を決めて順番に同じ色の帽子をかぶり、その役割に沿った視点で発言していきます。

思考のクセを取り払って違う視点から考える

　人は誰でも、自分では意識していなくとも、何らかの思考に偏りがちです。考えが固定すると、議論が前に進まなくなります。

　1つの色の帽子をかぶっている間は、参加者全員が同じ視点から議論をするので、対立関係が生まれにくく、否定されにくい環境となり、アイデアを出しやすくなります。

　6つのステップの順番は、白→赤→黄→黒→緑→青が基本ですが、必ずしもこの順番で行う必要はありません。

　ファシリテーターが全体の進行を確認しながら、順番を入れ替えたり、同じステップを繰り返すことも可能です。

　複数で行うだけではなく、1人でアイデアを練るときにも有効な方法です。

【図表17　強制的に6つの視点を持つ】

●強制的に6つの視点を持つ

白：客観的思考 ・客観的な情報や実際の数字から、何が事実かということを考える。 ・自分の意見は出さずに客観的に発想する。	**黒：否定的思考** ・否定的な視点で物事を捉える。 ・自分や誰かが出したアイデアの欠点を見つけてリスク面を語る。
赤：感情的思考 ・直感、勘などの感覚的な面からアイデアを考える。 ・アイデアに対して思った気持ちを素直にそのまま発信する。	**緑：創造的思考** ・物事をクリエイティブに捉え、考えをありのままに伝える。 ・創造的なアイデアを思いつくままに語る。
黄：肯定的思考 ・すべての意見を肯定的に捉え、ポジティブな意見を見つけ出す。 ・実際に実現した際に得られるメリットなどを語る。	**青：管理的思考** ・会議の進行や議論の調整を行う。 ・アイデアを俯瞰的に捉えながら、体系的な意見を出す。

●順番は白→赤→黄→黒→緑→青が基本

テーマ		
① 白：客観的思考 	④ 黒：否定的思考 	
② 赤：感情的思考 	⑤ 緑：創造的思考 	
③ 黄：肯定的思考 	⑥ 青：管理的思考 	

18　KJ法：
バラバラのアイデアをグルーピングしてまとめる

思いつきから法則性や関連性を見出してまとめる

　KJ法は、文化人類学者の川喜多二郎氏によって考案された、カードを使って発想したアイデアをグループピングして、関連づけてまとめていくフレームワークです。

　バラバラで法則性がなく、相互の関連性もよくわからない状態の「思いつき」は、頭の中に無数にあります。

　それらの情報をグルーピング、ラベリング、図解化、文章化という手順を踏むことで法則性や関連性を見出してまとめていくことで、有用なアイデアへと発展させることができます。

ブレインストーミングとセットで活用する

　KJ法のポイントは、グルーピングです。単に似たような情報を持つものをまとめていくだけではなく、「それが何を意味するのか」という背景にある物事や意味を考えることによって、より価値のある発想を生み出すことができます。

　それぞれのグループにタイトルをつけて、グループ同士の関係を見ながら全体をまとめて、解決すべき方向を見出します。

　KJ法は、アイデアをまとめ上げるだけではなく、散在している情報や部分的な情報だけでは全体が見えないものに対する解決アプローチとしても利用できます。

　問題解決において原因をあぶり出す場合など、ブレインストーミングとセットで広く利用されています。

【図表18　ＫＪ法の進め方】

● KJ法の進め方

1．テーマを決める

2．1アイデアを1枚のカードに書き出して並べる

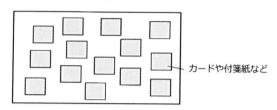

カードや付箋紙など

3．似たアイデアをグルーピングし、それぞれグループにタイトルをつける
　　分けられたグループはさらに大きなグループにまとめる

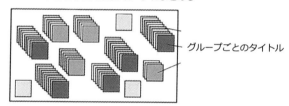

グループごとのタイトル

4．関連のあるグループ同士を近くに配置したり、線や記号で書いて繋ぐこと
　　で整理していく

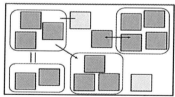

5．それぞれのグループにつけられたタイトルから文章化する

19　セブンクロス法：
重要度を評価しながらアイデアを整理する

重要度の高い順に整理してアイデアの全体像を把握する

　セブンクロス法は、ビジネスコンサルタントのＣ・グレゴリー氏が考案した、アイデアや意見を整理して優先順位をわかりやすくするフレームワークです。

　アイデアを７つのグループに分類して、重要な順に左から右へ並べ、各グループの中で重要な順番に上から下へ７つ並べて整理してアイデアの全体像を把握します。

　その結果、重要項目が左上に集中することになるので、何を優先しなければならないかを視覚的に把握することができます。

メンバーが共通認識を持って行動を起こしやすくなる

　様々なビジネスシーンで検討する課題を解決するためのアイデアは、決して１つではありません。

　あれもこれも実行しようと考えるのではなく、まずは優先順位を決めることが大切です。

　セブンクロス法で解決するためのアイデアの優先順位を考えることで、客観的に判断することができます。

　問題解決やプロセスの改善を目指す場合には、チームのメンバー全員が最も重視すべき事項は何であるかを理解していなければ、協働体制が構築できません。

　メンバーが問題解決のために、共通認識を持って行動する必要があるときに有効な方法です。

【図表 19　セブンクロス法の進め方】

●セブンクロス法の進め方

> 1．テーマに沿ってアイデアをカードに書き出す
> 2．アイデアを課題別に7つのグループに分類する
> 3．グループにタイトル（項目）をつける
> 4．7つの項目を重要度に応じて左から右へ並べる
> 5．各項目の中でアイデアを評価し、カードを7項目に整理して
> 　　重要度を考えて上から下へ並べる
>
> 　※重要度は、「最も効果が高い順」や「要望が多い順」など
> 　　考え方の切り口を変えることにより、マトリクスの最終形が
> 　　変わる

●7×7のマトリクスで整理する

テーマ：職場を活性化するためには

課題／アイデア	1 コミュニケーション	2 やる気	3 設備	4 情報共有	5 制度	6 教育研修	7 風土
1	← 大　　　　　　重要度　　　　　　小 →						
2	大						
3							
4	重要度						
5							
6	小						
7							

第2章のまとめ

　日々、忙しく業務をこなすビジネスパーソンにとって、新しいアイデアや独自の視点の発想を求められる機会が増えてきています。

　そんなとき、アイデアを広げたり、整理して組み立てるのに役立つフレームワークをどれだけ知っているかが大切です。

● 「ブレインストーミング」は、制約なしに自由に発想してゼロから新しいアイデアを生み出したいときに有効です。質より量を重視して発想します。

● 「SCAMPER（スキャンパー）」は、7つのワードをテーマと掛け合わせてアイデアを発想していきます。

● 「カラーバス」は、特定のテーマを意識することで情報を集めるフレームワークです。

● 「シックスハット」を使うと、視点を順番に変えながら、バランスよくアイデアが出せます。

● 「ブレインライティング」は、リレー形式でアイデアを書き出す方式で、発言することが苦手な人でも気軽に参加できます。

● 「マインドマップ」「マンダラート」は、テーマを中心にして連想されるものを書いていき、どんどん広げていくフレームワークです。

● 「KJ法」「セブンクロス法」は発想したアイデアを整理するために有効な手法です。

第3章

自社のブランド力を高める

20　プロダクトライフサイクル（PLC）：製品発売から撤退までの段階に対応する

製品の市場投入から撤退までを 4 つのステージに分ける

　プロダクトライフサイクルは、新しい製品が市場に導入されてから売上が伸び、やがて成長が止まり、撤退するまでのプロセスを表したフレームワークです。

　新製品の導入から製品が衰退するまでのプロセスを「導入期」「成長期」「成熟期」「衰退期」の 4 つに分けて、売上高、利益の推移を表します。

　それぞれの段階での状況を客観的な視点で把握・分析して、マーケティング戦略、経営資源の投入を考えます。

それぞれのステージに応じた戦略を練る

　「導入期」は、製品が市場に投入され始めた直後で需要も低い時期であり、認知度を上げるために販促やブランディングが必要です。

　「成長期」に入ると、需要が急速に高まって市場が拡大するので、ここでどれだけ顧客を獲得してリピートに繋げられるかが重要となります。

　「成熟期」になると、売上が頭打ちとなり、製品がコモディティ化するため、他社との差別化やコスト競争力の強化が必要となります。

　多くの顧客に製品が行き渡ると需要が減少し、売上、利益が減っていく「衰退期」に入り、存続するか撤退するかを判断することになります。

【図表 20　各ステージで取組みが変わる】

●各ステージで取組みが変わる

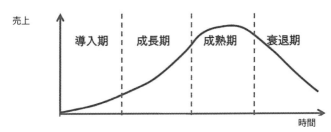

市場成長率	高い	高い	低い	低い
資金需要	多い	多い	少ない	少ない
マーケティング目標	市場拡大	市場浸透	シェア維持	生産性確保

● 4つのステージの特徴

導入期	・製品が初めて市場に導入されて、消費者に認知されるステージ。 ・流通業者に製品を取り扱ってもらうように働きかけたり、消費者にテストしてもらうなど製品の認知度を高めていく必要がある。 ・市場拡大のために先行投資を行う時期となる。
成長期	・製品のよさが市場で認知されて、売上が急激に伸びるステージ。 ・製品需要が大幅に増えて、売上が大きく伸びる時期だが、一方で競合他社の参入も増えてくる。 ・生産設備の増強やチャネルの拡大ために多額の資金が必要になる。
成熟期	・需要が一巡して売上は伸びず、利益率はピークになって、市場占有率も固定化してくるステージ。 ・価格競争も激しくなり、限られた市場規模の中で製品シェアを奪い合う状況になる。 ・**他社と差別化された製品が受け入れられる。**
衰退期	・売上は徐々に低下して、資金需要は少なくなるステージ。 ・価格競争により利益率が低下し、販売数が減少して市場規模が縮小していく。 ・撤退まで視野に入れて考える時期でもある。

21　コア・コンピタンス分析： 自社の強みを見える化する

自社のコアとなり他社に負けない強みを分析する

　コア・コンピタンス分析は、経営学者のゲイリー・ハメル氏と C・K・プラハラード氏が発表した、他社が簡単に真似できないコアとなる独自の技術やノウハウなどの競争力分析のフレームワークです。

　コア・コンピタンスと判断するためには、「商品が顧客に対して価値をもたらすことができるか（顧客への価値貢献）」「競合他社が簡単には真似ができないか（模倣困難性）」「複数の市場や業界に応用できるか（複数の市場参入可能性）」の３つの条件に当てはまる必要があります。

数値化して比較することで自社の強みを明確にする

　コア・コンピタンス分析は、自社の資源や技術だけに絞って行うのではなく、「他社と比べてどうか」を分析するものです。

　自社と競合のコア・コンピタンスを定量的な項目を設定して比較することで、自社の強みを視覚化して戦略を構築するときの判断材料にします。

　自社の中で強みだと思っていたものが、実は他社でも同様に持っているものであれば、事業のコアにすることはできません。

　自社と競合他社について、顧客への価値提供力を数値化して比較し、相対的な強みを把握しておくことで、将来自社が入り込める隙を探すこともできます。

【図表 21　コア・コンピタンス分析の進め方】

●コア・コンピタンス分析の進め方

```
1．分析項目を設定する
   ・分析項目を記入する。
   ・可能な限り、数値化しやすい項目を設定する。

2．調査対象を設定する
   ・調査するべき対象を設定する。
   ・分析の目的にあった対象を選ぶ。

3．調査を行う
   ・実際に情報収集する。
   ・点数化の基準を決める。

4．コア・コンピタンスを整理する
   ・コア・コンピタンスはどこにあるのかをチェックする。
```

●自社の強みを数値化する

コア・コンピタンス		重みづけ	自社		X社		Y社	
			評価	得点	評価	得点	評価	得点
商品力	開発力	5	30	150	40	200	50	250
	スピード	4	60	240	50	200	40	160
	ブランド力	2	50	100	60	120	60	120
営業力	提案力	7	70	490	40	280	50	350
	顧客数	5	70	350	30	150	50	250
	販売力	4	60	240	50	200	70	280
資金力	調達力	3	80	240	80	240	60	180
	自己資金	2	60	120	70	140	40	80
総合得点			480	1,930	420	1,530	420	1,670

22　ビジネスモデルキャンバス（BMC）： ビジネスモデルを視覚化して課題を発見する

ビジネスの全体像を9つの視点で可視化する

　ビジネスモデルキャンバスは、ビジネスで重要な9つの要素を分類して可視化し、ビジネスモデルの作成、改善点を把握するためのフレームワークです。

　ビジネスモデルを9つの構成要素「顧客セグメント」「価値提案」「チャネル」「顧客との関係」「主要活動」「リソース」「パートナー」「コスト構造」「収益の流れ」で分類して、それぞれの要素がどのように関わり合っているかを把握します。

ニーズとシーズのバランスが取れたビジネスモデルをつくる

　ビジネスモデルキャンバスを使うことにより、「誰の、どのような課題を解決するのか」を掘り下げます。

　企業視点に寄り過ぎず、常に顧客の視点に立ち返ってバランスの取れたビジネスモデルになっているかを検証して組み立てることができます。

　全体像を俯瞰することにより、競争優位性のみにフォーカスすることなく、ビジネス全体の主要なポイントを細かく可視化することができます。

　ビジネスモデルの弱い点・甘い点・ズレなどを発見したり、変化があった場合に、その影響がどう及ぶのかが判断できます。

　描いたモデルを起点にして新たなビジネスアイデアに繋がることもあります。

【図表22　ビジネスモデルキャンバスの進め方】

● ビジネスモデルキャンバスの進め方

KP	KA	VP	CR	CS
パートナー ⑦	主要活動 ⑤	価値提案 ②	顧客との関係 ④	顧客 セグメント ①
	KR リソース ⑥		CH チャネル ③	

CS	RS
コスト構造　　　⑧	収益の流れ　　　⑨

● ビジネスモデルキャンバスを構成する9つの要素

1. **顧客セグメント（CS：Customer Segments）**
   ・生み出した価値を届ける対象（個人、企業、ニッチ市場、マス市場など）
2. **価値提案（VP：Value Propositions）**
   ・顧客の問題を解決するもの（利便性、価格、デザイン、ステータス、リスクなど）
3. **チャネル（CH：Channels）**
   ・顧客が要求する価値を届けるルート（対面、訪問、店頭、WEB、卸売、配送など）
4. **顧客との関係（CR：Customer Relationships）**
   ・顧客との関係を構築・維持・発展させる取組み（個別対応、セルフサービスなど）
5. **主要活動（KA：Key Activities）**
   ・提供する価値を創出する主な活動（生産、販売、管理、サポートなど）
6. **リソース（KR：Key Resources）**
   ・各要素を提供するために欠かせないリソース（人、モノ、知的財産、資金など）
7. **パートナー（KP：Key Partners）**
   ・自社だけで補えないリソースを提供してくれる協力者（仕入先、外注先など）
8. **コスト構造（CS：Cost Structure）**
   ・ビジネスモデルを運営していくためのコスト（原価、固定費、変動費など）
9. **収益の流れ（RS:Revenue Streams）**
   ・顧客に価値を提供した際に受け取れるお金（販売価格、広告収入、レンタル、手数料など）

23　STP分析：
攻める市場で自社の立ち位置を明確にする

攻める市場を決めて自社の立ち位置を明確にする

STP分析は、アメリカの経済学者フィリップ・コトラー氏が提唱したフレームワークで、どの市場でどのような価値を提供するかを決めます。

「セグメンテーション（Segmentation）」では、市場細分化して顧客を同質なニーズを持っているグループに分類します。

「ターゲティング（Targeting）」で細分化したグループの中から狙うべき市場を決定し、自社の立ち位置を明確にするのが「ポジショニング（Positioning）」です。

取り巻く環境を理解して立ち位置を決める

STP分析において最も重要なポイントは、市場を適切に「セグメンテーション」することです。

市場や顧客をあらゆる指標に基づいて細分化するステップを正確に行うことが、効果的な「ターゲット」の絞込みや自社商品の位置づけを明確にすることに繋がります。

新たにビジネスを展開するに当たっては、自社そのものや販売する商品・サービスなどの強味が発揮できる「ポジショニング」を明確にすることは不可欠です。

どんなに優れた商品であっても、ターゲットに認知されなければ売れないし、ターゲットを広く取り過ぎると誰にも必要とされない商品となってしまいます。

【図表 23　市場を細分化して狙う市場を決める】

●市場を細分化して狙う市場を決める

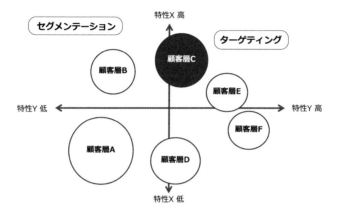

●立ち位置を決める

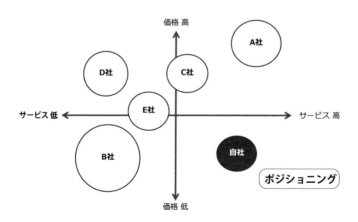

24　4P：
売り手の視点でマーケティング戦略を立てる

売り手の 4 つの要素を組み合わせて売れる仕組みを考える

　4P 分析は、アメリカのマーケティング学者 E・J・マッカーシー氏が提唱した、売り手の視点で効果的なマーケティング戦略を立案するためのフレームワークです。

　販売に影響を与える「商品・サービス（Product）」「価格（Price）」「流通チャネル（Place）」「販売促進（Promotion）」の 4 つの要素を組み合わせて、いかに商品やサービスを販売していくか、売れる仕組みを検討していきます。

売りたい商品・サービスの価値を明確にする

　1 つの商品・サービスを売るためには、検討することが多岐にわたるため、人為的にコントロールできる 4 つの要素に絞って検討します。4 つの P の間に矛盾がないかを検証して解決することで、マーケティングの効果を最大化することができます。

　4P 分析により、売りたい商品の価値や強みを明確にすることができます。

　他社より安く提供できるなら「価格」が価値であり、商品を知ってもらう効率的な流通経路を確保できれば「流通チャネル」が価値となります。

　商品・サービスの価値がわかれば、顧客へのアピールポイントが明確になり、4 P の要素のバランスを考えたマーケティング戦略を進めていきます。

【図表 24　売り手視点の 4 つの要素】

● 売り手視点の 4 つの要素

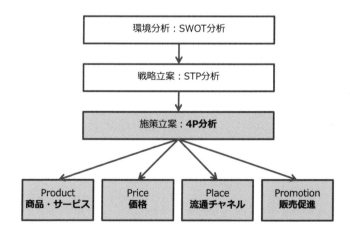

商品・サービス Product 機能、品質、デザイン、ブランド、パッケージ、サービス、保証など	価格 Price 標準価格、値引き、送料、取引条件、リベート、など
流通チャネル Place チャネル、注文方法、立地決済、物流、調達、リサーチなど	販売促進 Promotion 広告宣伝、広報、営業販売管理、店舗販売促進など

● マーケティング戦略立案のプロセス

環境分析：SWOT分析

↓

戦略立案：STP分析

↓

施策立案：**4P分析**

Product 商品・サービス	Price 価格	Place 流通チャネル	Promotion 販売促進

25　4C：
買い手の視点でマーケティング戦略を立てる

買い手側から見た4つの要素で戦略を考える

　4C分析は、アメリカの経済学者ロバート・ラウターボーン氏が
発表した、買い手側から見た4つの視点で顧客ニーズを整理して
マーケティング戦略を考えるフレームワークです。

　買い手側から見た「顧客にとっての価値（Customer Value）」「顧
客が負担するコスト（Customer Cost）」「顧客にとっての利便性
（Convenience）」「顧客とのコミュニケーション（Communication）」
の4つの視点でマーケティング戦略を考えます。

消費者から見て魅力的で付加価値があるか

　膨大な数や種類の商品やサービスがある現在では、単に「よいも
の」を販売するだけで売れるわけではありません。

　商品・サービスそれぞれの特性に合った「売出し方・見せ方」な
ど顧客の視点から見た付加価値をいかに商品に付与するかが重要に
なってきます。

　売り手は、買い手が本当に欲しい商品・サービスを提案すること
が大切です。

　売り手側の提供したいものと買い手側の欲しいものにギャップが
あるかどうかを見極め、そのギャップを改善していく必要がありま
す。

　4Pと4Cを合わせて活用することで、自社で実行可能かつ顧客
にも受け入れられるマーケティング戦略をつくることができます。

【図表 25　買い手視点での 4 つの要素】

●買い手視点での4つの要素

顧客価値
Customer Value

顧客に対して、
どんな価値を与えられるか

顧客の負担
Customer Cost

顧客にとって
どんな負担が発生するのか

顧客の利便性
Convenience

顧客にとって
不便な点はないか

コミュニケーション
Communication

顧客に対して
どのように知ってもらうか

●4Pと4Cの関係

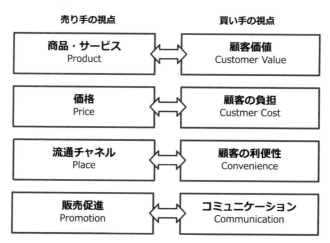

売り手の視点	買い手の視点
商品・サービス Product	**顧客価値** Customer Value
価格 Price	**顧客の負担** Custmer Cost
流通チャネル Place	**顧客の利便性** Convenience
販売促進 Promotion	**コミュニケーション** Communication

26　CS/CE分析：
顧客に対して最適な価値を提供する

顧客の満足度と期待度から顧客ニーズを満たしているかを測定する

　CS/CE分析は、顧客の満足度と顧客の期待度の2つの要素をもとに、顧客のニーズに対して提供する価値の最適なバランスを考えるフレームワークです。

　縦軸に「顧客満足度（Customer Satisfaction）」、横軸に「「顧客期待度（Customer Expectation）」を取ったマトリクスで、自社の商品・サービスが顧客ニーズをどのように満たしているかを測定し、改善のポイントを明らかにできます。別名「バリュー分析」とも呼ばれます。

自社と顧客の意識のギャップをあぶり出して対策をとる

　商品・サービスに対して、顧客がどこに期待しているか、満足度はどうかをつかんで改善していくことは重要です。

　顧客の期待度が高く顧客の満足度も高い商品・サービスは、現状の水準を維持する必要があります。

　期待度が高いのに満足度が低ければ、早急に商品やサービスを改善しないと、顧客の不満が高まり、顧客離れを引き起こしかねません。

　顧客の期待度が低いのに満足度が高いものは、過剰品質・過剰サービスになっていないか吟味する必要があります。

　顧客の期待値が低く満足度も低ければ、問題はあるものの緊急性は低いので、できるだけヒト・モノ・カネをかけない方策を考えます。

【図表 26　CS/CE 分析の進め方】

● **CS/CE分析の進め方**

> **１．評価軸を用意する**
> ・顧客の満足度、期待度を評価軸として用意する。
>
> **２．分析対象となる要素をマッピングする**
> ・対象をマトリクス上に配置してそれぞれの商品の改善案を考える。
>
> **３．改善策を考える**
> ・顧客の期待度は高いのに満足度が低い商品は、ブランド力の損失に
> 　直結するため、改善の優先度が最も高くなる。
> ・満足度が高い商品に対しても、期待の低い商品に対して必要以上
> 　に資源を投下していないかをチェックする。

● **顧客の期待に応じた価値を提供する**

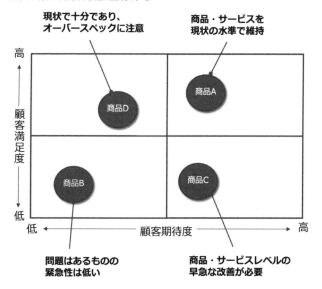

27　AIDMA(アイドマ)：
消費者の心理プロセスに応じた戦略を立てる

消費者の心理状況に応じたコミュニケーション戦略をとる

　AIDMA（アイドマ）は、アメリカの経済学者ローランド・ホール氏によって提唱された、消費者が購買決定に至るまでの5段階の心理プロセスを示すフレームワークです。

　購買決定までの心理プロセスを「注意（Attention）」「関心（Interest）」「欲求（Desire）」「記憶（Memory）」「行動（Action）」の5つに分解して消費者のモチベーションがどの段階にあるのかを把握し、それに応じたコミュニケーションを行うことで購買に結びつけることができます。

適切なタイミングで適切なアプローチを行う

　「注意」の段階では、まだ商品を知らない消費者に商品の存在を知らせて認知してもらいます。

　「関心」の段階で、商品に興味を持つように働きかけ、「欲求」段階では、興味を持ったがまだ欲しいとは思っていない人に、自分に必要と思えるように働きかけていきます。

　「記憶」段階では、欲しいと思っている消費者に購入したいと思わせるように働きかけ、「行動」段階で、購入機会を提供できるようにアプローチしていきます。

　消費者の心理状態を分析して、適切なタイミングで、各段階に応じたアプローチができれば、消費者を購入へと効果的に導くことができます。

【図表 27　AIDMA に応じたコミュニケーション戦略を立てる】

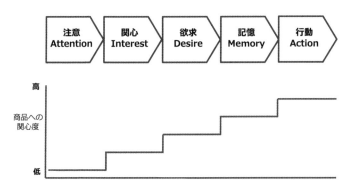

● AIDMAに応じたコミュニケーション戦略を立てる

	注意 Attention	関心 Interest	欲求 Desire	記憶 Memory	行動 Action
消費者の状態	商品を知らない	商品を知っているが関心がない	商品に関心はあるが、別に欲しくない	商品は欲しいが、購入する動機がない	購入する動機はあるが買うタイミングがない
コミュニケーション目標	認知度の向上	関心度の向上	ニーズの喚起	購入動機の提供	購入機会の提供

28　AISAS(アイサス)： ネット上での消費者の心理プロセスに応じた戦略を立てる

ネット時代の消費者の購買心理を表す

　AISAS（アイサス）は、広告代理店・電通によって提唱された、ネット上で消費者が商品を購入するまでの心理プロセスを体系化したフレームワークです。

　消費者がマスメディアから商品情報を受け取ってから、インターネットで自ら情報を探し、購入後には情報を広めることを踏まえて、購買行動を「注意（Attention）」「関心（Interest）」「検索（Search）」「行動（Action）」「共有（Share）」の5つのプロセスで考えます。

消費者が発信するクチコミ情報が意思決定に影響する

　例えば、消費者が新しいスマートフォンを購入するまでを考えると、「注意」「関心」まではAIDMAと同じですが、その次が「検索」となります。

　関心を持った地スマートフォンに関する情報を、検索エンジン、SNSなどを使って確認して比較・検討して、実際に購入する「行動」につながります。

　購入後、新しいスマートフォンを手に入れたことやその使い勝手を周りに「共有」します。

　検索エンジンによって、情報の入手が一瞬で可能になり、消費者が発信するクチコミ情報が消費者の意思決定に大きな影響を与えるようになってきています。

【図表 28　AISAS に応じたコミュニケーション戦略を立てる】

●AISASに応じたコミュニケーション戦略を立てる

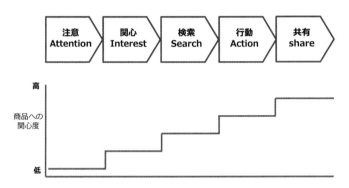

消費者の状態	商品を知らない	商品を知っているが関心がない	商品に関心があるので比較したい	欲しいので購入したい	購入したので自慢したい
コミュニケーション目標	認知度の向上	関心度の向上	露出の拡大	購入機会の提供	シェア機会の提供

第 3 章のまとめ

　企業や商品・サービスのブランド力が高まると、社会的な認知度が上がり、愛着心を抱くユーザーが増えます。

　競合他社との差別化ができ、顧客からの信頼感を獲得することで、継続的な売上が見込めます。

　多額の宣伝費用をかけなくとも集客ができ、新規顧客獲得がしやすくなります。

●「プロダクトライフサイクル（PLC）」は、自社の商品・サービスの市場における現在地を分析するフレームワークです。

●「コア・コンピタンス分析」「ビジネスモデルキャンバス（BMC）」を使うことで、自社の中核となるビジネスの強みを理解して、戦略に役立てることができます。

●「STP 分析」で、自社の立ち位置を明確にして、「4P」「4C」により商品・サービスのブランド力を高めるために必要な要素をミックスさせて最適な戦略を考えます。

●「CS/CE 分析」は、顧客が商品・サービスの期待値と対価として払う価格とが釣り合っていると感じるかどうかを見極めるために有効です。

●「AIDMA（アイドマ）」「AISAS（アイサス）」は、消費者の購入までのプロセスと心理状態を把握して戦略を立てる際に知っておきたいフレームワークです。

第4章

戦略に必要な分析力を高める

29　3C：
顧客、競合、自社の３つの視点で事業戦略を考える

３つの視点で事業の成功要因を検討する

　3C は、経営コンサルタントの大前研一氏が提唱した、外部環境や競合の分析と自社の状況から事業戦略を考えるためのフレームワークです。

　自社ではコントロールできない外部環境「顧客（Customer）」「競合（Competitor）」と内部環境「自社 (Company)」の３つの視点でビジネスを分析し、事業の「成功のカギ（Key Success Factor）」を見つけることができます。

目的を明確にして取捨選択をして情報を集める

　分析をする前に目的を明確にしておくことで、分析を必要な範囲に絞り込むことができます。

　「顧客」「競合」「自社」の３つの要素の相互関係を分析することで自社の強み・弱みが整理でき、事業を成功させるポイントや今後進むべき道筋が明確になります。

　最も効率的な施策に資源を集中投下し、顧客に選ばれて売上や目的を達成できる仕組みをつくり上げることができます。

　3C は、自社が事業を行うビジネス環境を分析するための方法であり、企業戦略、事業戦略、商品・サービス単位など、様々なレベルで使うことができます。

　市場に対する自社の戦略を定義したり、新たな市場への新規参入や撤退の検討にも使われます。

【図表29 勝てる戦略を見つける】

●勝てる戦略を見つける

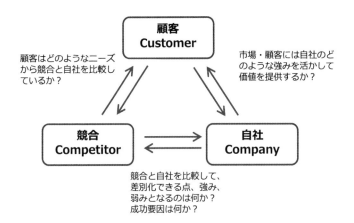

顧客はどのようなニーズ
から競合と自社を比較し
ているか？

市場・顧客には自社のど
のような強みを活かして
価値を提供するか？

競合と自社を比較して、
差別化できる点、強み、
弱みとなるのは何か？
成功要因は何か？

●分析をする視点

顧客	・業界の市場規模 ・市場の成長性 ・顧客ニーズ ・顧客の消費行動・購買行動
競合	・競合各社の現状シェアと推移 ・各競合の特徴(戦略・保有リソースなど) ・新規参入・代替品の脅威 ・自社の対象となる競合企業 ・競合企業と特徴と今後想定される行動
自社	・企業理念・ビジョン ・事業・製品の現状(売上、シェア、商品構成、戦略など) ・保有するリソース、強み、弱み ・現有ビジネスの特徴 ・資本力・投資能力

30　PEST（ペスト）分析：マクロな外部環境を分析する

将来の変化や事業に影響を与える要因を見落とさない

　PEST 分析は、アメリカの経済学者 P・コトラー氏が提唱した、自社を取り巻く４つの要素で外部環境をマクロ的に分析する際に用いるフレームワークです。

　中長期的に業界を取り巻くマクロ環境を４つの要因「政治（Politics）」「経済（Economy）」「社会（Society）」「技術（Technology）」から把握し、現在および将来においてどのような影響を及ぼすかを予測して、今後の戦略を決定していきます。

自らの組織や商品・サービスを時代に即したものへと変える

　法律が変わることによって事業継続が困難になる可能性もあります。社会の変化によって顧客が離れてしまったり、反対にチャンスになる場合もあります。

　競合が新技術を使って利便性を高めれば、自社の優位性は減少しますが、新たな技術開発に成功すれば、優位性を担保できるかもしれません。

　成功した企業、売れた商品やサービスは、必ず世の中の変化やトレンド、ライフスタイルや価値観の変化などをしっかり味方につけています。

　自社ビジネスの周囲を取り巻く環境の変化に合わせて、自らの組織や商品・サービスを時代に即したものへと変えられることが、長く生き残るための条件です。

【図表 30　PEST 分析の進め方】

●**PEST分析の進め方**

> 1．情報収集を行う
> 2．要素を洗い出し、4つの環境要因に分類する
> 3．各要素を機会と脅威(課題)に分類する
> 4．各要素の緊急性や重要度を評価し、優先順位を設定する
> 5．分析の結果を他のフレームワークと連携させる

●**4つのマクロ環境要因**

政治的要因
Politics

法律、法改正、判例
規制緩和、条約、税制
政治、政権体制、公的補助
判例、規制緩和など

経済的要因
Economy

景気動向、賃金動向
株価、為替、金利
物価、消費動向
経済成長率、消費動向など

社会的要因
Society

人口、人口構成、密度
社会インフラ、流行、世論
事件、少子化、高齢化
言語、教育、宗教など

技術的要因
Technology

インフラ、ビッグデータ
IT、IoT技術、新技術
技術開発、特許
イノベーションなど

31　ファイブフォース（5F）分析：業界の魅力度を５つの力から分析する

ビジネスのミクロな競争環境を分析して収益性を検証する

　ファイブフォース分析は、アメリカの経営学者マイケル・E・ポーター氏が提唱した、業界に働く５つの力から業界の構造を分析するためのフレームワークです。

　業界内での自社を取り巻く環境を「新規参入者の脅威」「売り手（供給業者）の交渉力」「買い手（顧客）の交渉力」「代替品の脅威」「業界内の競合」の５つの力に分け、それぞれの影響を分析することで、業界内の魅力度や収益性を検証していきます。

５つの力のバランスによって収益性が決まる

　ビジネスには、仕入と販売のフェーズがあります。

　「仕入先（売り手）」によってコストが変動し、「販売先（買い手）」によって売上が変わります。

　「売上ーコスト＝利益」となるため、売り手と買い手の力関係は、企業として最も重要な利益に直結します。

　業界内に「競合」が多く、競争が激しければ、利益を上げにくくなります。

　優れた「新規参入者」が出現すれば業界のバランスが変わり、競争が激しくなります。

　顧客ニーズを満たす新たな商品・サービスが「代替品」として出現することによって、市場のシェアを奪われてしまう可能性もあります。

【図表 31　業界に働く 5 つの力を見極める】

● **業界に働く 5 つの力を見極める**

新規参入者の脅威

現在競合関係にない企業が参入してくる可能性はどの程度高いか

売り手の交渉力

自社製品の原材料調達先はどの程度代替可能か

業界内の競合

同業種に多くの企業が存在しているか、競合関係は激しいか

買い手の交渉力

自社商品を購入してくれる顧客はどの程度ブランドスイッチする可能性があるか

代替品の脅威

自業界が提供している商品以外で顧客ニーズを満たせる代替的な存在はあるか

● **ファイブフォース分析の活用**

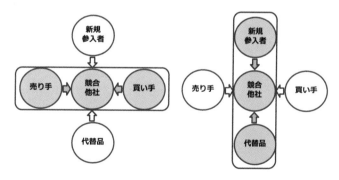

売り手と買い手の力関係を検証することで、業界内での「利益の上げやすさ」を見ることができる

業界内での「自社の取り分」をどれくらい確保できるかをチェックすることができる

32　VRIO（ブリオ）分析： 経営資源の活用力を評価する

4つの問いに答えて競争優位性を見極める

　VRIO 分析は、アメリカの経営学者 J・バーニー氏が提唱した、経営資源を4つのポイントで分析し、企業の競争優位性を分析するフレームワークです。

　「経済価値（Value）」「希少性（Rarity）」「模倣可能性（Inimitability）」「組織（Organization）」の4つの問いに答えていくことで、経営資源や組織能力が自社の強みになっているかどうかを見極め、競争優位性の維持や更なる向上に向けて効果的な施策を講じることができます。

経済的価値→希少性→模倣困難性→組織の順に評価する

　4つの問いに対して、イエス・ノーで順番に答えていき、すべてイエスであれば、「持続的な競争優位」があり、経営資源に対して組織やプロセスが最適化されている状態です。

　経済価値がノーであれば、「競争劣位」と判定され、経営資源を戦略に活かせていないといえます。

　経営資源に経済価値はあるものの、他の価値がない場合は「競争均衡」と位置づけられます。

　経済価値と希少性があるものの模倣困難であれば、その時点で「一時的な競争優位」の状態です。

　どんなに優れた経営資源を持っていても、それが活用できない組織であれば意味がありません。

【図表 32　VRIO分析の進め方（フローチャート）】

● VRIO分析の進め方（フローチャート）

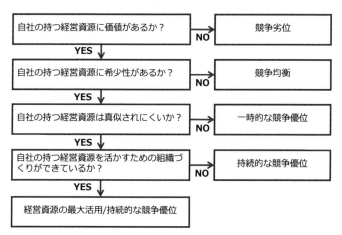

● 経営資源を5段階で評価する

経済価値	希少性	模倣可能性	組織		競争優位の状態
×				競争劣位	経営資源に経済価値がなく、市場に価値を提供できない
○	×			競争均衡	経営資源に経済価値があるものの競合が多く、市場で優位な立場には立てていない
○	○	×		一時的な競争優位	現状は市場で優位な立場にあるが、模倣が容易であるため競合が現れる可能性が高い
○	○	○	×	持続的な競争優位	模倣が困難で競合が現れる可能性が低いため、持続的に市場で優位な立場に立てる
○	○	○	○	経営資源の最大活用　持続的な競争優位	持続的に市場で優位な立場に立てる状態であり、経営資源を最大限活用できている

33　バリューチェーン分析：価値を生み出す活動を分析する

どの活動で高い付加価値が生み出されているかを知る

　バリューチェーン分析は、アメリカの経営学者マイケル・E・ポーター氏が提唱した、バリューチェーン（価値の連鎖）を活動ごとに切り分けて分析するフレームワークです。

　企業の活動は、原材料を製品にして顧客に届けるまでの過程で行われる「主活動」と、主活動をサポートする「支援活動」に分けられます。

　各活動が生み出す価値とコストを分析することで、各活動がどれだけ貢献しているのかかがわかります。

他社と比較分析して差別化を図る

　競争が激化している現代では、低価格という理由だけで競合他社に勝つことはできません。

　バリューチェーン分析により、「どの活動でどのような価値が生み出されているか」「どこに強みや弱みがあるのか」を知ることができます。

　さらには、大きな価値を生み出している活動は維持・強化し、ボトルネックとなっている活動は効率化を検討するといった判断ができます。

　競合他社のバリューチェーンも同様に分析して自社のものと比較することによって、他社の動きを予測し、差別化を検討することができます。

【図表 33　主活動と支援活動を把握する】

●主活動と支援活動を把握する

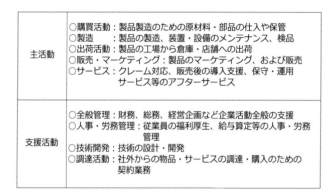

主活動	○購買活動：製品製造のための原材料・部品の仕入や保管 ○製造　　：製品の製造、装置・設備のメンテナンス、検品 ○出荷活動：製品の工場から倉庫・店舗への出荷 ○販売・マーケティング：製品のマーケティング、および販売 ○サービス：クレーム対応、販売後の導入支援、保守・運用 　　　　　　サービス等のアフターサービス
支援活動	○全般管理：財務、総務、経営企画など企業活動全般の支援 ○人事・労務管理：従業員の福利厚生、給与算定等の人事・労務 　　　　　　　　　管理 ○技術開発：技術の設計・開発 ○調達活動：社外からの物品・サービスの調達・購入のための 　　　　　　契約業務

●価値の連鎖で利益を生み出す

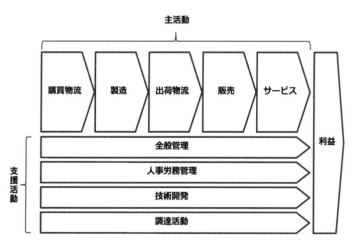

34　7S：
7つの要素で組織の強さを測る

3つのハードと4つのソフトを明らかにする

　7Sは、アメリカのマッキンゼー社が提唱した、組織の経営資源を7つの要素に分けて戦略に合った最適な組織運営を考える際に有効なフレームワークです。

　組織の経営要素として、3つのハード「戦略（Strategy）」「組織（Structure）」「システム（System）」と4つのソフト「スキル（Skill）」「人材（Staff）」「スタイル（Style）」「価値観（Shared Value）」があると捉え、それぞれの要素間の関係を明らかにします。

7つの経営要素がお互いに補完・補強し合う

　7Sの核となるのは、ビジョンや目標などの共通の「価値観」です。その価値観が、経営陣から従業員まできちんと浸透しているかを確認します。

　「ハードのS」「ソフトのS」はお互いに関係し合っており、整合性が取れていることが必要です。

　社員の最適配置やスキルアップトレーニングなどを行っても、それを支える組織構造やシステム、そもそもの戦略が不十分であれば、組織のパフォーマンスは上がりません。

　外部環境が変化したときには、ハードを変えるとともに、ハードを支えられるようにソフトを変化させていきます。

　最終的には7つの要素を戦略遂行に合わせたものに変えて、根づかせていくことが必要になります。

【図表 34　マッキンゼーが提唱した組織分析の７Ｓ】

● マッキンゼーが提唱した組織分析の7S

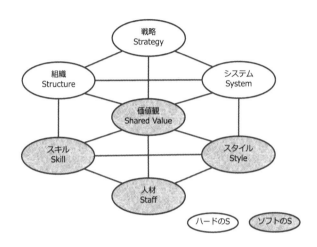

● 変えやすい資源と変えにくい資源

ハードのS 比較的変更が容易	戦略（Strategy）	競争優位性を維持するための事業の方向性
	組織（Structure）	組織の形態や構造
	システム（System）	人事評価や報酬、情報の流れ、会計制度など組織の仕組み
ソフトのS 変更・定着に時間がかかる	価値観（Shared Value）	社員で共通認識を持つ会社の価値観
	スキル（Skill）	営業力、技術力、マーケティング力など組織に備わっている能力
	人材（Staff）	社員や経営者など個々の人材の能力
	スタイル（Style）	社風や組織の文化

35　SWOT（スウォット）分析：外部環境と内部環境から戦略を考える

内部環境と外部環境を明らかにする

　SWOT分析は、アメリカの研究者A・ハンフリー氏が発案した、自社の内部環境と外部環境の現状を把握し、新たなビジネスチャンスや解決すべき事業課題を発見するためのフレームワークです。

　SWOTの「機会（Opportunities）」「脅威（Threats）」は、政治、経済、社会、規制、技術動向、顧客ニーズの変化など、自社の企業努力だけで変えられない外部環境です。「強み（Strengths）」「弱み（Weaknesses）」は、自社の企業努力でコントロールできる内部環境を表します。

分析をする前に目的を明確にする

　まず、外部環境の分析から行います。

　競合他社の状況や市場の動向（ミクロ分析）、事業に関連した法整備や景気、社会の動向についての分析（マクロ分析）を行い、それが自社にとって「機会」となるのか「脅威」となるのかを見極めていきます。

　自社を取り巻く環境が見えてきたら、次に自社内の環境分析を行います。

　社内の経営資源、ブランド力、提供サービス、製品の品質、価格などに関する分析を行います。

　内部環境を分析する際は、競合他社と比較して差別化できているかどうかに注目します。

【図表35　SWOT分析のマトリクス】

● SWOT分析のマトリクス

● SWOTの分析項目

Opportunities **（機会）**	企業外部の環境で企業あるいは製品・サービスの成長に貢献するもの
Threats **（脅威）**	企業外部の環境で企業あるいは製品・サービスの成長の妨げとなるもの
Strengths **（強み）**	企業あるいは製品・サービスが持つ資源・特徴で目標達成に貢献できるもの
Weaknesses **（弱み）**	企業あるいは製品・サービスが持つ資源・特徴で目標達成の妨げとなるもの

36　TOWS（トゥーズ）分析： 自社の強みを活かす戦略を策定する

SWOT 分析の結果を組み合わせて戦略を検討する

　TOWS 分析は、アメリカの経済学者Ｈ・ワイリック氏が発表した、SWOT 分析で整理した自社のビジネス環境を基に戦略を策定するフレームワークです。

　SWOT 分析結果の４つの要素「強み（S）」「弱み（W）」「機会（O）」「脅威（T）」を「強み×機会：(SO) 戦略」「強み×脅威：(ST) 戦略」「弱み×機会：(WO) 戦略」「弱み×脅威：(WT) 戦略」と組み合わせ、戦略の具体的な方策を検討します。クロス SWOT 分析とも呼ばれます。

隙のないマーケティング戦略をつくり上げる

　「SO 戦略」は、自社の強みを最大化して外部環境のトレンドを活かす施策で、チャンスをものにするため積極的に取り組む必要があります。

　「ST 戦略」は、自社の強みで脅威となる悪影響を切り抜けていくために、競合との差別化ポイントを探ります。

　「WO 戦略」は、自社の弱みを理解して改善することで、チャンスを取り逃がさないようにする方策を検討します。

　「WT 戦略」は、自社の弱みと脅威で最悪の結果とならないように徹底した防衛策を図るか、事業そのものを撤退することも想定した判断が必要となります。

【図表 36　TOWS 分析で戦略を考える】

● **TOWS分析で戦略を考える**

	内部環境	
	強み **Strengths**	**弱み** **Weaknesses**
機会 **Opportunities**	**強み×機会** **積極攻勢**	**弱み×機会** **弱点補強**
脅威 **Threats**	**強み×脅威** **差別化戦略**	**弱み×脅威** **防御・撤退**

（左端の縦項目：**外部環境**）

● **4つの方向で戦略を練る**

強み×機会 **SO戦略**	自社の強みを活かして機会を拡大・持続する戦略を考える
強み×脅威 **ST戦略**	自社の強みを活かして、脅威に対処する戦略を考える
弱み×機会 **WO戦略**	自社の弱みを補完して、機会をつかむ戦略を考える
弱み×脅威 **WT戦略**	自社の弱みと脅威を最小化する戦略を考える

第４章のまとめ

　ビジネスシーンで現れる多くの情報やデータは、様々な要素が複雑に絡み合っており、正確に理解するためには、それらを全体として捉えるだけでは不十分です。

　個々の情報やデータを吟味して、それぞれの関係性がどうなっているのかを深掘りしていく必要があります。

●「3C」分析は、顧客、競合、自社の３つの視点から、戦略を立てる前提となる自社を取り巻く外部環境と自社の内部環境を分析するためのフレームワークです。

●外部環境をマクロ的に捉えるのが「PEST（ペスト）分析」です。自社の属する業界の特性などをミクロ的に理解するためには、「ファイブフォース（5F）分析」があります。

●自社が持っている経営資源がどのような強みとなる可能性があるかを考えるのが、「VRIO（ブリオ）分析」です。

●自社の事業活動を機能ごとに分類して、どの部分で付加価値が生まれているかは、「バリューチェーン分析」で明らかにすることができます。

●「7S」は、自社の組織を強くするための変革の方向性が確認できるフレームワークです。

●外部環境分析と内部環境分析の結果を踏まえて、「SWOT(スウォット)分析」による「TOWS（トゥーズ）分析」で、自社が取るべき戦略　を検討していきます。

第5章

戦略構築力を
高める

37　PPM（プロダクトポートフォリオマネジメント）：ポジションで経営資源の配分を決める

事業への効率的な経営資源の配分を判断する

　PPM分析は、ボストン・コンサルティング・グループが提唱した、「市場成長率」と「市場占有率」の2軸で事業、商品やサービスを分類することで、経営資源の効果的な配分を判断する手法です。

　2軸からなるマトリクス上で、自社事業を「花形（Star）」「金のなる木（Cash Cow）」「問題児（Problem Child）」「負け犬（Dog）」の4つのポジションに分類します。

　事業の将来性を把握するとともに、競合企業との位置づけを可視化することにより、事業の選択と集中を図ります。

「問題児」→「花形」→「金のなる木」の順で成長を目指す

　「花形」は、市場占有率が高いために利益を出しやすいものの、市場成長率が高いために競争が激しく、競争に打ち勝つためには積極的な投資を継続しなければなりません。

　「金のなる木」は、市場成長率が低く新規参入も少なくなっており、競争は穏やかで積極的な投資は必要としません。稼いだ利益を他の事業に振り向けます。

　「問題児」は、市場成長率が高くて競争が激しく、積極的な投資が必要とされる一方で、市場占有率が低いために利益が出しにくい状態ですが、将来「花形」「金のなる木」になる可能性があります。

　「負け犬」は、市場成長率、市場占有率ともに低く利益が出ず、事業の撤退も考える必要があります。

【図表 37　PPM 分析の進め方】

● PPM分析の進め方

> 1．市場成長率を算出する
> 2．市場占有率（マーケットシェア）を算出する
> 3．自社の事業の立ち位置を確認する
> 4．競合他社と自社の立ち位置を確認する

● 事業のポジションを明らかにする

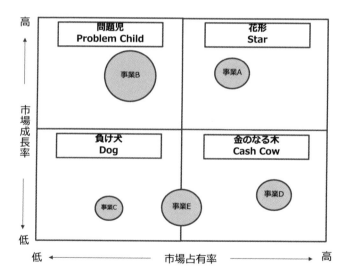

問題児　　　：市場シェアを高めて、花形を目指す
花形　　　　：継続して投資し、金のなる木を目指す
金のなる木　：稼げるだけ稼いで利益を他の事業へと分配する
負け犬　　　：早期に撤退することも検討する

38　ビジネススクリーン：
資源をどの事業に優先的に配分するかを検討する

事業を9つの領域に分類して方向性を検討する

　ビジネススクリーンは、ＧＥ社とマッキンゼー社が開発した、9つのセルを使って自社の経営資源をどの事業に分配すべきか検討し、成長戦略を描くためのフレームワークです。

　縦軸に「業界の魅力度（市場規模、成長率、収益性）」、横軸に「競争優位性（市場シェア、売上、コスト）」を取り、それぞれを高・中・低の3段階に分けます。

　全部で9つの領域に事業のタイプを分類することにより、今後の事業戦略や経営資源の配分などを検討することができます。

自社の状況に合った指標を使って分析できる

　多種類の商品やサービスを扱う企業においては、ビジネススクリーンに各事業を配置して全体像を可視化することが有効です。

　様々な角度から、自社の状況に合った指標を選択して各軸に入れることができ、精緻に分析して細やかな経営資源の配分を検討できます。

　業界の魅力度が高く自社の競争優位性も高い事業は、より大きな競争地位を確保し、さらなる成長を目指して資源を配分します。

　業界の魅力度が低く自社の競争優位性も低い事業ついては、利益の確実な回収や撤退を考えなければなりません。

　その他の事業は、集中的に資源を投入することで差別化戦略を検討します。

【図表 38　どの事業に資源配分するか】

● どの事業に資源配分するか

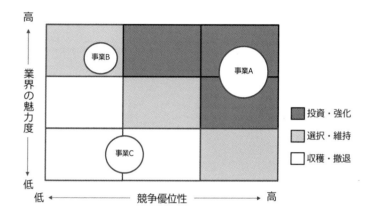

● 業界の魅力度と競争優位性

業界のな魅力度を測る指標
・市場規模
・市場成長率
・競争度合い
・マクロ環境（社会、政治、技術、経済）の影響
・参入障壁と撤退障壁
・必要な技術の難易度
・機会や脅威の出現頻度

競争優位性を測る指標
・相対的なシェア
・コスト競争力
・技術力
・商品・サービス
・経営能力
・コア・コンピタンス
・ブランド力

39　アンゾフの成長マトリクス：
4つの視点で事業の成長・拡大戦略を考える

事業が置かれている状況を4象限で捉える

　アンゾフの成長マトリクスは、アメリカの経営学者イゴール・アンゾフ氏によって提唱された、事業の現状および成長・拡大の可能性を可視化する際に用いられるフレームワークです。

　事業の成長について「市場」と「製品」の2軸を設定し、それぞれを「既存」と「新規」に分けることで、4つの視点「市場浸透」「新商品開発」「新市場開拓」「多角化」で分類します。

　自社の経営資源をどの事業に投入すると一番投資効率が高いかを検討することができます。

事業を成長させるために取るべき戦略を明確にする

　「市場浸透」は、商品がすでに存在し、市場もすでに出来上がっているので、最もリスクの低い戦略です。

　「新商品開発」は、既存の顧客に向けて新しい商品・サービスを売り込んでいく場合の戦略であり、商品開発に向けて新たに投資を進めていきます。

　「新市場開拓」は、既存商品を新たな市場に投入する戦略であり、事業拡大が見込めるこれまでアプローチしていなかった新規顧客の開拓を狙います。

　「多角化」は、新たな市場向けに新しい商品・サービスを開発して販売することであり、成功すれば大きな成果が期待できる一方でリスクも高い戦略です。

【図表 39　事業成長のための戦略を考える】

● 事業成長のための戦略を考える

製品		
	既存	新規

市場		既存	**市場浸透** 既存の商品・サービスを 既存の市場で拡大させる 商品の品質向上 サービスの向上	**新商品開発** 新しい商品・サービスを 既存の市場に投入する 商品の開発 サービスの開発
		新規	**新市場開拓** 既存の商品・サービスを 新規市場に投入する 販売エリアの変更 顧客ターゲットの変更	**多角化** 新しい商品・サービスを 新規市場に投入する 新事業の立ち上げ 新会社の設立

● 多角化戦略の4タイプ

水平型	既存市場に近い市場へ進出する
垂直型	完成品メーカーが部品の製造や販売に進出する
集中型	既存技術を活かして近い市場へ進出する
コングロマリット型	異なる市場へ新しい商品・サービスを投入する

40　アドバンテージ・マトリクス： 事業を４つのタイプに分けて特性を見極める

自社の事業のタイプを４つに分類する

　アドバンテージ・マトリクスは、ボストン・コンサルティング・グループが提唱した、２つの評価軸から事業がどのような特性を持っているのかを見極めるフレームワークです。

　縦軸を「業界の競争要因の数」、横軸を「優位性構築の可能性」として、事業を「分散型」「特化型」「手詰り型」「規模型」の４つに分けて整理します。

　それぞれの事業について、「事業規模」と「収益性」の関係を用いて特徴を表します。

事業構造を転換して収益性を確保する

　「特化型事業」は、競争要因こそ多いものの、自社の強みを発揮できれば、やり方次第で収益が見込める専門性が高い業界です。

　「規模型事業」は、他社との差別化がしにくく、規模を大きくすることで優位性を得られ、生産量や市場シェアが大きいほど事業の収益性が高まります。

　「分散型事業」は、大企業が少なく、競争要因が多い上に優位性の構築が難しい事業で、規模を小さく保つことが成功のカギとなります。

　「手詰り型事業」は、競争要因が少なく、差別化や規模拡大では効果が出しにくい、多くの企業が収益を上げられなくなった構造不況業種と呼ばれる事業です。

【図表 40　BCG のアドバンテージ・マトリクス】

● BCGのアドバンテージ・マトリクス

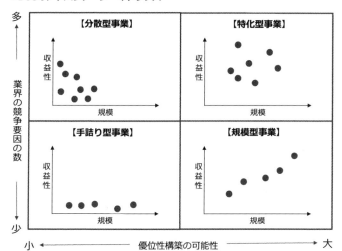

● 4タイプの事業の特徴

特化型事業	特定分野で強みを持つことで、優位性を確保することができる （例）計測機器業界、製薬業界、コンサルティング業界
規模型事業	規模の経済が働きやすいことが特徴である （例）自動車業界、半導体業界、素材業界
分散型事業	規模の経済が効きにくく、大企業が存在しない （例）アパレル業界、建設業界、地域密着型飲食店・理容店等
手詰り型事業	差別化することが難しく、利益を上げていくことが難しい （例）鉄鋼業界、セメント業界

41　ポーターの３つの基本戦略：
　　競争を勝ち抜くための戦略を絞り込む

３つの基本戦略のいずれかで競争優位を築く

　ポーターの３つの基本戦略は、アメリカの経営学者M・E・ポーター氏が提唱した、業界の中で競争優位を築くためのフレームワークです。

　同業他社がひしめく業界の中で、「コストリーダーシップ戦略」「差別化戦略」「集中戦略」の３つの基本戦略のいずれかで自社の強みを発揮しなければ、長期的に企業は競争を勝ち抜いて生き残ることはできません。

自社の業界内での立ち位置に合った戦略を選択する

　「コストリーダーシップ戦略」は、他社よりも安い商品・サービスで勝つという戦略です。そのためには、できる限りコストを抑えてつくる必要があります。

　「差別化戦略」とは、自社の商品やサービスの独自性を強調して他社との差別化を図り、業界内で独自のポジショニングを築いていく戦略です。

　「集中戦略」は、業界内の特定の顧客層にターゲットを絞り込み、自社の経営資源を集中させる戦略です。

　特定の顧客層に安い商品・サービスを提供する「コスト集中戦略」と、特定の顧客層に対して高付加価値商品・サービスによって差別化を図る「差別化集中戦略」があります。

　基本戦略は、どれか１つに絞ることがポイントです。

【図表41　３つの基本戦略のいずれかの戦略をやり抜く】

● ３つの基本戦略のいずれかの戦略をやり抜く

		競争優位のタイプ	
		低コスト	差別化
ターゲットの範囲	広い	**コストリーダーシップ戦略** ・低価格で競争に勝つ ・幅広い品揃え ・業界首位を目指す	**差別化戦略** ・高付加価値で競争に勝つ ・差別化で高い利益を目指す ・低価格か高価格
	狭い	**集中戦略（コスト集中・差別化集中）** ・特定の領域に絞る ・低価格競争に勝つ	 ・特定の領域に絞る ・高付加価値で競争に勝つ

● ３つの戦略のメリット・デメリット

基本戦略	メリット	デメリット
コストリーダーシップ戦略	・低価格で販売すれば顧客に利用してもらいやすくなる ・低コストで販売することで多くの利益を得られる ・新規参入企業に対して高い参入障壁を築ける	・利益度外視の価格競争に巻き込まれるリスクがある ・規模の経済性や経験曲線効果を実現するのが困難 ・莫大な初期投資や時間がかかる
差別化戦略	・価格競争を回避できる ・高価格を設定することで大きな利益を得やすい	・他社に模倣されることで差別化の要素がなくなってしまう
集中戦略	・経営資源のが少ない企業でも競争優位性を築ける ・大手企業との競争を回避できる ・ブランディングを行いやすい	・新規参入の増加により市場が大きくなってしまう ・代替品の出現により需要が減少するリスクがある ・強力な競合企業が参入した場合に、シェアを失うリスクがある

42　コトラーの競争地位戦略：
業界内のポジションに合わせて戦い方を変える

自社が業界内でどの位置にいるのかを把握する

　競争地位戦略は、アメリカの経営学者フィリップ・コトラー氏が
提唱したフレームワークで、業界内の企業を4つに分類し、ポジショ
ンによって取るべき戦略が変わると主張しました。

　経営資源の量と質および市場シェアから4つの地位に分類して競
争戦略を定めています。

　具体的には、業界トップの座を占める「リーダー」、トップを抜
きにかかる「チャレンジャー」、トップの動きを模倣する「フォロ
ワー」、特定の小規模なシェアを確保しようとする「ニッチャー」
の4つです。

ポジションに応じた戦い方を考える

　トップシェアを持つ「リーダー」は、規模のメリットを生かし、
全方位で品揃えをして市場をカバーしてシェアを守ります。

　「チャレンジャー」は、経営資源の量では勝ち切れないため、トッ
プとは異なった差別化をしなければトップを脅かす存在にはなれま
せん。

　「フォロワー」は、リーダーやチャレンジャーの戦略を模倣し、生
産や物流などのコストを抑制することで利益を確保していきます。

　「ニッチャー」なら、小さくても他社の顧客と重ならない特定の
領域に経営資源を集中して独占的な地位を確保する戦略が考えられ
ます。

【図表 46　市場内の地位で戦略が変わる】

● **市場内の地位で戦略が変わる**

		経営資源の量	
		多い	少ない
経営資源の質	高い	リーダー	ニッチャー
	低い	チャレンジャー	フォロワー

● **各ポジションごとの戦い方**

	リーダー	チャレンジャー	ニッチャー	フォロワー
シェア	トップ	2位	3位～5位	下位
戦略	主導路線 フルラインナップ	リーダーを意識 した差別化	特定顧客への 売込み	上位企業の 模倣
価格	標準	標準or高価格	独自性が高く 他の商品の影響小	低価格
販売経路	広範囲	広範囲	限定	限定
広告	全方位型	全方位型	限定	限定

43　ランチェスターの法則：弱者が強者に勝てる戦略を実行する

市場における弱者と強者の立場から戦略を立てる

　ランチェスター戦略は、イギリスのエンジニアF・ランチェスター氏が提唱した、軍事理論をビジネスに応用したもので、市場の強者と弱者はそれぞれどのように戦えば有利に立てるかを考えます。

　第一法則は「弱者の戦略」と呼ばれ、物量作戦の効かない狭い市場に狙いを定めて、商品・サービスの質で勝利を目指します。

　第二法則は「強者の戦略」で、圧倒的な物量で商品・サービスの差別化を無効にして規模の差でねじ伏せて勝つことです。

弱者でも強者に勝てる戦略がある

　ビジネスシーンにおいては、市場シェア2位以下の企業は弱者、1位の企業が強者と定義できます。

　弱者が自社の目指すマーケットでシェアを拡大するためには、自社が優れている点に経営資源を集中投下して強者の規模のメリットを発揮させないようにする必要があります。

　市場シェアが2位以下であれば、1位と同じ戦略ではターゲット顧客を取り込むことは難しくなります。

　強者の手が届きにくい地域で「局地戦」を展開したり、商品の強みを強調したりする「一点集中」の戦略を展開することでシェアを確保していきます。

　強者を目指すためには、市場を細分化し、1位になれる地域や領域、ターゲット、商品・サービスで戦いを挑みます。

【図表 43　弱者の戦略と強者の戦略】

● **弱者の戦略と強者の戦略**

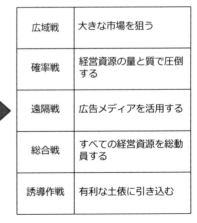

弱者の戦略 市場をセグメントし資源を1点に集中して強者との差別化を図る	局地戦	ニッチ市場を狙う
	一騎打ち	攻める相手を絞り込む
	接近戦	顧客との関係を強化する
	一点集中	強みに特化して攻める
	陽動作戦	奇襲攻撃、ゲリラ戦

強者の戦略 物量と価格戦略でビジネスを仕掛け市場全体での勝利を狙う	広域戦	大きな市場を狙う
	確率戦	経営資源の量と質で圧倒する
	遠隔戦	広告メディアを活用する
	総合戦	すべての経営資源を総動員する
	誘導作戦	有利な土俵に引き込む

第5章のまとめ

　企業は、他社と比べて競争優位性が発揮できなければ、生き残ることができません。

　事業戦略は、自社の経営資源を集中することで、最大効果を挙げる必要があります。

　フレームワークをうまく活用すれば、意思決定のスピードを一気に高めることができます。

● 全社的な経営資源の最適な配分を考えるのが、「PPM（プロダクトポートフォリオマネジメント）」「ビジネススクリーン」です。

● 「アンゾフの成長マトリクス」は、成長拡大戦略を考えるためのフレームワークです。

● 競争優位性が構築できるかどうかを分析し、どのような優位性を持って市場で戦うかを検討する際には、「アドバンテージ・マトリクス」が有効です。

● 経営・事業環境分析を踏まえた上で、どのように強みを発揮すればよいかを考えるのが、「ポーターの3つの基本戦略」「コトラーの競争地位戦略」「ランチェスターの法則」です。明確になった戦略から具体的なアクションを検討します。

第6章

戦略実行力を
高める

44　SMART（スマート）の法則： 5つの条件で正しい目標設定ができる

5つの要素で達成できる目標をつくる

　SMART の法則は、アメリカのコンサルタントG・T・ドラン氏が発表した、目標を達成するときに不可欠な5つの条件を示したフレームワークです。

　目標を設定するときには、5つの条件「具体的に（Specific）」「測定可能な（Measurable）」「達成可能な (Achievable)」「関連した（Relevant）」「時間制約のある（Time-bound）」が必要であり、これらを満たしていることをチェックすることで、具体的な行動に移せる目標を設定できます。

達成目標と行動目標を明確にする

　ゴールに向けて SMART の法則を意識することで、目標設定の背景や目標達成に向けて何をすべきかが明確になり、目標達成の成功率が高まります。

　目標が自分事になってはじめて、チャレンジする価値を見出すことができます。

　確実に行動に結びつく目標にするためには、「達成目標」と「行動目標」が必要です。

　達成目標とは、目指すべき結果であり、行動目標とは、結果を導くために必要なプロセスと具体的行動です。

　正しい目標設定をすることで、目標に向けて取り組む社員の意欲が高まり、職場の雰囲気も変わります。

【図表 44　正しい目標設定のための SMART】

● 正しい目標設定のためのSMART

具体的に Specific	抽象的ではなく、誰が読んでもわかる明確で具体的な表現や言葉で書き表す
測定可能な Measurable	目標の達成度合いが本人にも上司にも判断できるように、内容を定量化して表す
達成可能な Achievable	希望や願望ではなく、その目標が達成可能な現実的内容かどうかを確認する
関連した Relevant	設定した目標が職務記述書に基づくものであるかどうか自分が属する部署の目標、会社の目標に関連する内容になっているかどうかを確認する
時間制約のある Time-bound	いつまでに目標を達成するか、適切な期限を設定する

● 達成目標と行動目標

・達成目標：「数値目標」「達成期限」を数値で表現
・行動目標：達成目標に到達するために必要な行動内容

◇達成目標：「今期中に、在庫率を5％に低減する」
◇行動目標：「各部門の業務プロセスのムダを洗い出して取り除く」

・数値目標の設定が難しい場合には、客観的にわかる判断基準を用いる

◇達成目標：「今月中に、部下が独力で提案書を作成し、一人でお客さまに
　　　　　　説明できるようにする」
◇行動目標：「毎日30分時間をとって、部下に作成方法を指導する」

45　PDCA：
仕事を継続的に改善して効率化する

4つのプロセスを回して継続的に改善する

　PDCAは、アメリカの統計学者W・E・デミング氏が提唱した、品質管理などの業務管理における継続的改善のためのフレームワークです。

　4つのプロセス「Plan（計画）」「Do（実行）」「Check（評価）」「Action（改善）」を実行し、継続的にサイクルを回すことで、課題の解決や状況の改善を図っていきます。

　戦略実行や経営管理、調達・生産・営業など、各機能の業務改善に至るまで幅広く利用されています。

適切な目標を立てて実行し振り返って改善する

　「Plan」の段階では、現状を分析して達成したい目標を設定し、計画に落とし込みます。

　目標に関する情報を収集し、分析して解決策を考え、具体的な実行計画を立てていきます。

　目標が不明確であったり、計画が曖昧になっていると、実行しても評価ができないため、改善サイクルを回すことができません。

　「Do」のあとの「Check」で十分な測定・評価ができなければ、行った作業に対して客観性を失ってしまい、間違った「Action」になりかねません。

　PDCAは、スピードを意識することは大切ですが、振返りの時間をきちんと設けることで、継続して改善のサイクルを回すことができます。

【図表 45　PDCA サイクルを回して仕事を改善する】

● **PDCAサイクルを回して仕事を改善する**

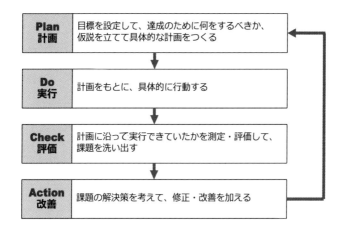

● **組織の階層と時間軸で整合させる**

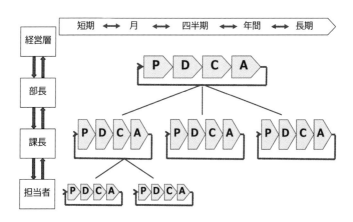

46　OODA（ウーダ）ループ： 迅速に意思決定して臨機応変な対応をする

外部環境に合わせて4つの段階を速く回す

　OODAループは、アメリカの軍事戦略家ジョン・ボイド氏が考案した、状況に合わせて迅速な意思決定をするためのフレームワークです。

　変化の激しい環境下では、状況を見ながら未来を予測し、それに基づいて今後の行動を意思決定して実行する必要があります。

　そのためには、「観察（Observe）」「状況判断（Orient）」「意思決定（Decide）」「実行（Act）」の4つの段階を迅速に回していくことが有効です。

次のループに教訓と学びを活かす

　まず、外部情報や状況の変化に対するデータをありのままに収集し、「観察」することからスタートします。

　自分の感情や置かれている状況、相手の行動や取り巻く環境、市場の動向などの事実を幅広く集めます。

　観察によって得られた情報を分析し、どういった状況が起きているのかを「状況判断」することによって、行動の方向性を考えます。

　理解した状況に対してどのような計画を実行していくのかを決定するのが「意思決定」段階です。直観的な判断ですぐ行動ができるのであれば、このステップは省略することができます。

　意思決定したことを実行に移した後、結果を振り返って新たなループに活かしていきます。

【図表 46　OODA ループの流れ】

● **OODAループの流れ**

OODA:予測が困難な環境下で、状況に応じて迅速な判断をするための思考法

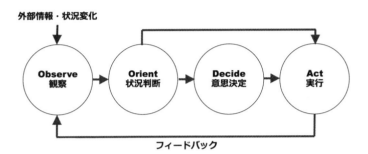

● **PDCAとOODAの比較**

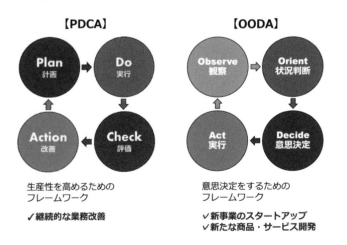

【PDCA】

生産性を高めるための
フレームワーク

✓継続的な業務改善

【OODA】

意思決定をするための
フレームワーク

✓新事業のスタートアップ
✓新たな商品・サービス開発

47　RACI（レイシー）チャート：関係者の役割分担を明確にする

業務の関係者の責任分担を視覚化する

RACIチャートは、会社の組織やプロジェクトなどのそれぞれの業務について、誰が、どのような役割や責任を負っているのかを明確にするためのフレームワークです。

関係者を4つの役割「実行責任者（Responsible）」「説明責任者（Accountable）」「相談先（Consulted）」「報告先（Informed）」に分けて明確にします。

割り当てられた役割を定義して可視化し、責任や情報の所在を明確にすることができます。

チームの成長度合いに合わせて役割を変化させる

RACIチャートが最も効果を発揮するのは、多数の関係者（ステークホルダー）がいる複雑なプロジェクトの場合です。

関わるメンバー全員が見えるように公開しておくことで、責任（誰が最終的にコミットするのか）があいまいになったり、停滞してしまうことを防ぎます。

チャートは、1度つくれば終わりではなく、チームの成長度合いや能力によって役割は変化します。

組織の状況に合わせて、異なる役割分担に変える場合や権限を委譲したり、新たな業務が増えることもあります。

責任範囲を明確にすることは、業務の効率化だけでなく、自ら考える自律的な組織をつくるための必要条件でもあります。

【図表47　役割や責任を定義する】

● 役割や責任を定義する

実行責任者 **Responsible**	業務を実行することに責任を持つ人
説明責任者 **Accountable**	進捗状況を把握して説明する責任を持つ人
相談先 **Consulted**	業務の実行を支援して必要なアドバイスをする人
報告先 **Informed**	業務の進捗や状況の最新情報を受ける人

● 業務の責任者を可視化・共有する

R：実行責任者　A：説明責任者　C：相談先　I：報告先

業務	メンバー			
	池田	山本	佐藤	村田
要件定義	A	C	R	I
設計	R	R	I	A
製造	C	A	R/I	R
テスト	R/C	A	C	I
運用	C	R	A	I
マニュアル作成	C	R	I	A/R

48　PERT（パート）図：　業務を可視化して進捗管理する

業務の流れや所要時間を視覚化する

　PERT図は、プロジェクト活動などの業務の流れや所要時間を視覚化して計画を共有するためのフレームワークです。

　複数の業務が存在する活動では、1つの業務が遅れることで全体が遅れてしまう場合があります。

　限られた時間の中で目標を達成するために最適な日程計画を立てて、遅れが生じないように各業務のどこに重点を置いて進捗管理をするかを検討するために活用します。

クリティカルパスを明らかにしてスケジュールの遅延を防ぐ

　PERT図は、それぞれの作業にどれくらいの時間がかかるのかを明確にします。

　所要時間の見積りが甘ければ、プロジェクト全体に遅れが生じて納期に間に合わなくなります。

　作業を進めていく過程で新たな作業を追加したり、作業の順番を更新して調整していきます。

　作業の最適な日程計画をつくることで、「全体スケジュールへ最も影響する工程（クリティカルパス）」を明らかにすることができます。

　完了期間は、クリティカルパスによって決まってしまうため、その作業へ重点的にリソースを配置することで、スケジュールの遅延を防ぐ必要があります。

【図表 48　PERT 図の進め方】

● PERT図の進め方

> **1．業務の詳細を書き出して可視化する**
> ・業務を遂行するために必要な作業工程を書き出す。
> ・それぞれの業務に必要となる所要時間を調べる。
>
> **2．流れに沿って図式化する**
> ・整理した作業工程を矢印で結んで図式化する。
> ・矢印にその業務にかかる所要時間を記載する。
>
> **3．時間の要素を記入していく**
> ・各工程に取りかかるタイミングを書き出し、時間を計算する。
> ・最早開始日を考える際は、基本的に左から順番に足し算する。
> ・最遅開始日を設定する際は、右から順番に引き算で算出する。
>
> **4．クリティカルパスを確認する**
> ・最早開始日と最遅開始日が同じ工程を結ぶ矢印が 「クリティカルパス」。
> ・クリティカルパス上の工程が遅延すると全体スケジュールに影響する。

● クリティカルパスを見つける

クリティカルパス：①→②→③→⑤→⑥→⑦→⑧

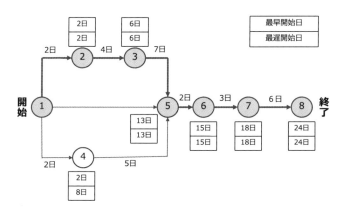

117

49　ECRS（イクルス）の原則： 4つの手順で効果的な改善策を検討する

業務改善のアイデアを効率的に考える

　ECRS(イクルス）の原則は、工場などの生産現場において業務プロセスを4つの視点で解決することで、業務改善を行うために開発されたフレームワークです。

　業務プロセスを「排除（Eliminate)」「結合（Combine)」「交換（Rearrange)」「簡素化(Simplify)」の4つの改善の視点に基づいて、「E→C→R→S」の順で業務内容の問題点を探し、改善を検討することで、生産現場だけでなく、あらゆる業種や業務で改善効果を得ることができます。

「今の業務をなくせるはずがない」という固定観念を取り除く

　まず、「排除：やめられないか」からスタートします。

　検討した結果、なくせなかった場合は、「結合：まとめることができないか」「交換：作業の順序を変更できないか」「簡素化：作業を簡単にできないか」という流れで考えます。

　改善効果の高い順にステップを踏んで考えることで、効率よく業務改善ができます。

　例えば、会議を見直す場合には、「E：この会議は今後開催せず、メール共有のみとする」「C：この会議とこの会議は、同時に開催したほうがよい」「R：この会議の前にこの会議をやったほうが、流れがスムーズ」「S：この会議は担当者のみが集まればよい」などの手順で検討していきます。

【図表 49 ECRS の進め方】

● ECRSの進め方

この順番で検討する	**Eliminate** 排除	・業務をやめられないか ・業務の目的があいまいになっていないか	大 改善効果 小
	Combine 結合	・複数の作業を１つにまとめられないか ・重複している業務を１つにできないか	
	Rearrange 交換	・作業の順序を入れ替えたらどうか ・担当者や担当部門を変更できないか	
	Simplify 簡素化	・もっと簡単な方法でできないか ・ツールの活用や自動化で効率化できないか	

● 業務効率化に活用する

業務	Eliminate 排除	Combine 結合	Rearrange 交換	Simplify 簡素化
週一回の 定例会議	週1回の定例会議 の廃止	月1回の月例会議 にまとめる	参加は各部署1名 拠点からはWEB で参加	資料は1テーマ につき1枚まで
業務A				
業務B				
業務C				

119

50　KPT（ケプト）： 3つの視点で仕事を振り返る

反省を生かして次のアクションにつなげる

　KPTは、もともとシステム開発の世界で使われていた手法で、振返りによって取り組んでいる仕事やプロジェクトの改善を加速するフレームワークです。

　仕事やプロジェクトの活動結果を「Keep：成果が出ているので継続すること」「Problem：問題があり改善が必要なこと」「Try：新しく取り組むべきこと」の3つの要素に分けて振返りを行って、今後のアクションを決定します。

定期的に短いスパンで実施して具体的な行動を決める

　実施した取組みや進め方について、よかったことと悪かったことを直感的にたくさん出していきます。

　よかったことは「Keep」し、どのような取組みをすれば、「Problem」が解決できるかという視点を持って、今後取り組む「Try」を明確にしていきます。

　「～を注意する」「～を頑張る」などの抽象的なものは、「Try」とは言えないので、具体的な行動を明確にすることがポイントです。

　KPTを実行するタイミングや頻度に決りはありませんが、定期的になるべく短いスパンで行ったほうがよいとされています。

　例えば、1日や1週間の終り、仕事を1つ終えたときやプロジェクト終了後など、区切りのいいタイミングで実践すれば、振返りもしやすくなります。

【図表 50　KPT の進め方】

●KPT の進め方

1．「Keep」「Problem」「Try」の3つ領域に分ける

2．「Keep」の欄に「うまくいったこと」「このまま継続すること」を書き出す

3．「Problem」の欄に「問題」を書き出す

4．「Keep」と「Problem」の内容を受けて「Try」の欄に「新たに実践すること」「問題の解決策」を書き出す

5．3つの領域に書き出したものを再考して整理し、表を完成させる

6．「Keep」「Problem」「Try」それぞれで挙がったことを、実行していき、結果を再度KPTで振り返る

●KPT での振返り

Keep	Try
・うまくいったこと ・このまま継続すること	・新たにやってみること ・問題の解決策
Problem	
・良くない結果につながったこと ・改善が必要なこと	

第6章のまとめ

　戦略を策定した後、実行して初めてその成果を手にすることができます。

　戦略を実践して検証を行い、改善を図って目標の達成に近づけるという戦略実行力が求められています。

　計画・実行・振返りをセットで行うことで再現性を生み出し、組織を強くすることができます。

● 「PDCA」サイクルを効果的に回すためには、「SMART（スマート）の法則」で具体的な目標を設定して、目標に向けて実際に実行できたか、効果があったかを検証できるようにします。

● 「OODA（ウーダ）ループ」を回すことによって、迅速に意思決定をして、臨機応変な対応ができます。

● 計画を立てる際には、「RACI（レイシー）チャート」で関係者の役割分担を明確にして、戦略実行の効率向上を図ることが必要となります。

● 「PERT（パート）図」は、計画を立てるときに業務の流れを見えるようにするために有効です。

● 業務をもっとよいやり方に変えたいときは、「ECRS（イクルス）の原則」で考えます。

● 振り返るときには、「KPT（ケプト）」のフレームワークを用いることでスマートに現状分析を行うことができ、次にやるべきことが明確になります。

第 7 章

組織運営力を
高める

51　PM 理論：
リーダーシップの発揮は 2 つの機能で決まる

リーダーの 2 つの行動特性で 4 つのタイプに分ける

　PM 理論は、社会心理学者の三隅二不二氏らによって提唱された、リーダーは 2 つの行動特性を満たすことで有効なリーダーシップを発揮できるとする考え方です。

　2 つの行動特性とは「課題達成行動（P 行動：Performance）」と「集団維持行動（M 行動：Maintenance）」で、「P 行動」の強弱（P,p）と「M 行動」の強弱（M,m）の組合せで 4 つのリーダーシップスタイル（PM 型、Pm 型、pM 型、pm 型）」を表すことができます。

組織においてリーダーシップを発揮するためには何が必要かを知る

　P 行動は、目標設定や計画立案、メンバーへの指示によって目標達成や課題解決を図り、業績や生産性を高める機能です。

　M 行動は、人間関係を良好に保ち、チームワークを維持・強化する機能です。

　自己分析をして、組織においてリーダーシップを発揮するためには何が必要かを知ることで、足りない行動特性を高める努力をする必要があります。

　リーダーシップは、1 人だけで発揮するものではなく、組織の人材をうまく組み合わせることが有効です。

　例えば、自分は「P の行動特性は強いが M の行動特性が弱い」タイプならば、「M の行動特性が強い人」をサブリーダーに指名して、足りない行動特性を補ってもらうことができます。

【図表 51　理想的なリーダーシップとは】

●理想的なリーダーシップとは

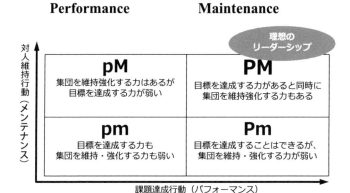

課題達成行動　×　対人維持行動
Performance　　　　**Maintenance**

対人維持行動（メンテナンス）

理想の
リーダーシップ

pM	PM
集団を維持強化する力はあるが目標を達成する力が弱い	目標を達成する力があると同時に集団を維持強化する力もある
pm	Pm
目標を達成する力も集団を維持・強化する力も弱い	目標を達成することはできるが、集団を維持・強化する力が弱い

課題達成行動（パフォーマンス）

●PM理論を使ったリーダーシップの強化

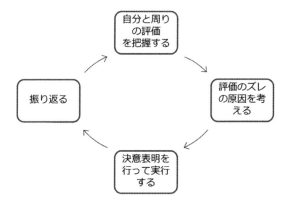

自分と周り
の評価
を把握する

評価のズレ
の原因を考
える

決意表明を
行って実行
する

振り返る

52　SL理論：
部下の成熟度に合わせてリーダーシップを使い分ける

部下の成熟度に合わせて行動スタイルを変える

　SL理論は、アメリカの行動科学者P・ハーシー氏とK・H・ブランチャード氏が提唱した、部下の習熟度に合わせて発揮するリーダーシップ行動を変える必要があるという考え方です。

　「支援的行動」と「指示的行動」の2軸で「S1：指示型」「S2：コーチ型」「S3：援助型」「S4：委任型」の4象限に分けてリーダーシップスタイルを使い分けます。

　部下の成熟度に合わせて、適したリーダーシップを発揮することが求められます。

部下の状況によってコミュニケーションの取り方を変える

　経験が浅く仕事の進め方がわからない部下には、やるべきことを明確に「指示」する必要があります。

　能力はまだ低くても、努力して意欲を示している部下に対しては、指示や指導をして前進できるように励ましながら「支援（コーチ）」します。

　ある程度部下のスキルが成熟してくれば、目標達成に向かって努力を促しつつ、部下自身が考えて決められるように「援助」していきます。

　スキルが高く、自発的に行動できる場合には、「委任」して、仕事の状況を観察しながら、必要なときに手を差し伸べるスタイルがよいでしょう。

【図表 52　SL 理論の４つのリーダーシップスタイル】

● SL理論の４つのリーダーシップスタイル

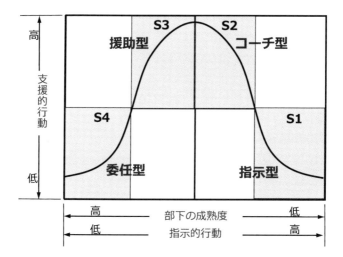

● 部下の成熟度に応じて使い分ける

S1 指示型リーダーシップ	・具体的な指示を出し、進行状況を細かく管理して、意思決定はリーダーが行う ・「新人」を対象にする場合が多い
S2 コーチ型リーダーシップ	・仕事の目的を伝えて、部下からの質問に答えながら、コミュニケーションを図る ・ある程度仕事に慣れた「若手社員」向け
S3 援助型リーダーシップ	・お互いの意見を尊重し、部下の自主性を促しながら意思決定を行う ・業務を理解している「中堅社員」向け
S4 委任型リーダーシップ	・部下と話し合って目標や課題を決め、権限と責任を与えて成果の報告を待つ ・安定感のある「ベテラン社員」向け

53　リーダーシップ・パイプライン： リーダーを組織全体で継続的に育成する

組織全体でリーダーの育成に取り組む

　リーダーシップ・パイプラインは、アメリカのＧＥ社が構築した、組織のトップからボトムまで途切れることのないラインをつくり、組織全体でリーダーを育成するフレームワークです。

　一般社員から課長、部長、経営責任者と階層が上がるときに通過する転換点において、「スキル」「業務時間配分」「職務意識」という３つについて、前職位で行っていた古いやり方を捨てて、新たな職位で求められる要件を満たしていくように促すことが必要となります。

企業の将来を担うリーダーを継続的かつ体系的に育成する

　リーダーに求められるリーダーシップは、すべての階層で同じではなく、課長には課長、部長には部長としての能力が必要です。

　次の階層に昇進してリーダーとして優れたパフォーマンスを発揮するには、それまでの業務への取組方法やメンタリティを変えていく必要があります。

　リーダーシップ・パイプラインを活用することで、社員の育成強化だけでなく、成長意欲の高い社員に対して、社内でどのようなキャリアを歩めるのかを具体的に提示することができます。

　昇進するために身につけなければならない課題とそれを達成すれば得られる結果を明示することで、「何をすべきか」が明確になり、社員の士気を上げることができます。

【図表 53　リーダー輩出のためのパイプラインモデル】

●リーダー輩出のためのパイプラインモデル

1. 社員一人ひとりに関して、職務経歴、現在の課題、キャリアの希望や上司・同僚の評価などの情報を収集する

2. 情報を総合的に考慮して、リーダーにふさわしいと思われる候補者を選出する

3. その候補者の状況を確認して、次の階層に進む準備が整っているかを見極める

   ※候補者は昇進する過程で、上位階層で求められる条件を満たしている必要がある

   ◇3つの職務要件

   (1) スキル　　　　：新しい職務を全うするために必要な新しい能力
   (2) 業務時間配分：どのように動くかを規定する新しい時間枠
   (3) 職務意識　　：重要性を認め、注力すべきだと信じる事柄

4. 管理職は積極的なコーチングと、候補者の成長に合わせたフィードバックを行う

5. 候補者が上位階層に求められる能力が整ったときには、必ず昇進する機会を与える

●6つの転換点

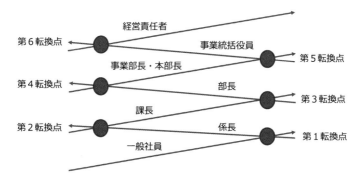

54　欲求階層説：
欲求水準に合わせた効率的な組織運営を目指す

人間の欲求には 5 つの階層がある

　欲求階層説は、アメリカの心理学者アブラハム・マズロー氏が発表した、人間は自己実現に向かって絶えず成長する生きものであると仮定し、欲求を 5 段階に理論化した考え方です。

　人間の欲求は、「生理的欲求」「安全欲求」「社会的欲求」「承認欲求」「自己実現欲求」の 5 つの階層構造になっており、前の段階の欲求が充足されて初めて、次の階層の欲求を求めるようになることを表しています。

低次の欲求が満たされると高次の欲求が生まれる

　最初の段階は、「生理的欲求」で、生きていくために不可欠な基本的・本能的な欲求であり、食欲、排泄欲、睡眠欲などです。

　次に、身体的に安全で、かつ経済的にも安定した環境で暮らしたいという「安全欲求」が生まれます。

　さらに、家族や組織など何らかの社会集団に所属して安心感を得たいという「社会的欲求」につながります。

　「承認欲求」は、他者から尊敬されたい、所属する集団の中で認められたいと願う欲求です。この欲求が満たされることで、モチベーションが高まります。

　最も高い階層にあるのが「自己実現欲求」であり、自分にしかできないことを成し遂げたい、自分らしく生きていきたいという欲求を指します。

【図表 54　マズローの欲求階層説】

●マズローの欲求階層説

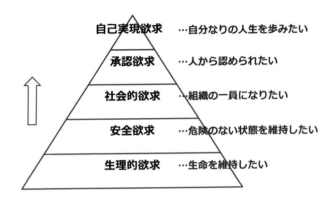

自己実現欲求	…自分なりの人生を歩みたい
承認欲求	…人から認められたい
社会的欲求	…組織の一員になりたい
安全欲求	…危険のない状態を維持したい
生理的欲求	…生命を維持したい

●欲求への対応策

欲求	対応策
自己実現欲求	自己啓発、資格取得支援、FA制度、経営への参画
承認欲求	表彰制度、社内公募制、職場面談
社会的欲求	福利厚生、懇親会、社員旅行
安全欲求	雇用の保障、終身雇用制
生理的欲求	ワークライフバランス、最低賃金の保障

55　2要因理論：
2つの要因でモチベーションを高める

動機づけ要因と衛生要因は互いに補い合う関係にある

　2要因理論は、アメリカの心理学者F・ハーズバーグ氏が提唱した、従業員の満足を引き出す動機づけ要因と不満足を招く衛生要因が別のものであるという考え方です。

　動機づけ要因とは、「承認」「達成感」「成長感」などであり、衛生要因には、「会社方針」「対人関係」「給与」などがあります。

　動機づけ要因と衛生要因は、互いに補い合う関係にあり、どちらが欠けてもモチベーションを高めることができません。

社員の離職防止や生産性向上のために活用する

　動機づけ要因が満たされると満足感は得られるが、不満がなくなるわけではなく、衛生要因を満たすだけでは、不満は解消されても満足感が得られません。

　どんなに達成感が感じられる仕事であっても、給与が低ければ続けていこうとは思いません。

　給与がよくても、やりがいや将来性が感じられない仕事なら、働き続けることに不安を感じます。

　経営者は、労働環境や条件に不満がないか配慮する一方で、仕事の成果をどう評価するか、評価を受けてどのような待遇を与えるかを考える必要があります。

　さらに、誰がどの仕事を担当すれば能力を発揮できるか、積極的に取り組んでもらえるかについても考える必要があります。

【図表 55　動機づけ要因と衛生要因】

●動機づけ要因と衛生要因

動機づけ要因	・不足したり欠けているからといってすぐに不満が出るものではない ・あればあるほどモチベーションにつながり、仕事に前向きになれる要素 「承認されること」「達成すること」 「成長すること」「昇進すること」 「仕事そのもの」など
衛生要因	・満たされることで不満の解消にはなるが、満足感にはつながらない ・あくまで働く上での土台に過ぎず、長期的なモチベーションの向上にはつながらない 「会社の方針」「給与」「対人関係」「福利厚生」 「作業条件」など

●衛生要因と動機づけ要因の両方を満たすことが重要

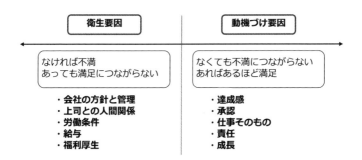

衛生要因が満たされない状態で動機づけ要因を与える　➡ モチベーション ✕
衛生要因を満たしていても動機づけ要因が満たされない ➡ モチベーション ✕

56　タックマンモデル： チームの5つの発展段階を理解する

チームは5つの発展段階を経て成長する

タックマンモデルは、アメリカの心理学者 B・W・タックマン氏が提唱した、チームは5つの発展段階を経て成長し、成果を上げられるようになることを示すモデルです。

チームは、時間の経過とともに、「形成期」「混乱期」「統一期」「機能期」「散会期」の5段階を経て成長していきます。

チームを率いるリーダーは、チームが今どの段階にあるのかを把握して、適切に対処できているかを考える必要があります。

タックマンモデルはチームの状態を示す「地図」

チームの「形成期」は、メンバー同士がまだ理解できておらず、目標も明確でないため、緊張感がある状態で、メンバー間の相互理解が必要な段階です。

「混乱期」になると、チームの目標や各自の役割・責任について、メンバーの意見の相違、対立が生じますが、メンバー同士が恐れずに議論を交わしていくことが大切です。

「統一期」になると、混乱期の議論を乗り越えてメンバー同士が考え方の違いを理解し、共通の規範が生まれて、各メンバーの役割分担が明確になります。

「機能期」には、チームとして成果が出せる状況となり、各メンバーが個性を発揮しながら主体的に動けるようになります。

「散会期」は、チームとしての役割を終えて解散する段階です。

【図表 56　チームの５つの発展段階】

●チームの５つの発展段階

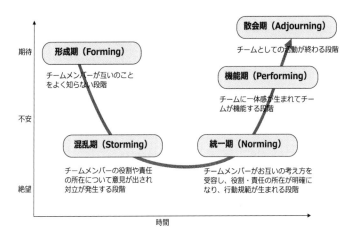

●次の段階に進むポイント

	状態	次の段階に進むポイント
形成期	チームの共通目標が定まっておらず、メンバー同士がお互いを知らない状態	メンバー同士の相互理解
混乱期	チームの目的・目標明確となった段階で、メンバー同士の対立が生まれる	メンバー同士の議論を促進
統一期	チームの目的や業務の進め方、各メンバーの役割が統一・共有されている	メンバーが主体性を発揮できる目標設定、役割分担
機能期	チームに結束力や連動性が生まれ、相互にサポートできる	人材配置を考えて適切なサポートを実施
散会期	チームの関係が終了する	振り返り、成果の確認

57　GRPI（グリッピー）モデル：4つ要素で健全な組織をつくる

健全な組織には 4 つの要素が必要である

　GRPI モデルは、アメリカの組織開発コンサルタントの R・ベックハード氏が提唱した、組織が健全かどうかを考えるためのフレームワークです。

　組織開発やチームビルディングを進めるときには、4つの要素「（目標（Goal））」「役割（Role）」「手順（Process）」「関係性（Interaction）」に着目して、チームが健全に機能しているかどうかを順番にチェックしていきます。

組織の状況を 4 つの要素で順番にチェックする

　チームビルディングとは、ただの人の集まりを「共通目的に向かって協働する人の集まり（チーム）」にすることです。

　そのためには、「ゴール（目標）」が明確であり、メンバー全員が賛同して共有されていることが重要です。

　メンバーの「役割」や責任分担が明確であり、共有されていることによって組織としての動きを取ることができます。

　さらに、目標を達成するための「手順」が明確になっていることをチェックします。

　メンバーが一体で行動することによって、効率的な組織としての動きにつながります。

　そのベースとなるのは、メンバー相互の「関係性」であり、人間関係やコミュニケーションの状況を把握しておく必要があります。

【図表 57　GRIP モデルの４つの要素】

● GRIPモデルの４つの要素

● チームの状況をチェックする問いかけ

要素	問いかけ
目標 Goal	・チームの目標は明確に設定されているか ・その目標はメンバーに共有されて、理解、浸透しているか ・メンバーはその目標に賛同しているか
役割 Role	・目標達成するために必要な役割分担、業務が共有できているか ・必要なスキル・知識・経験を持ったメンバーが揃っているか ・メンバーの育成や補完するための手は打たれているか
手順 Process	・目標達成までのマイルストーンは明確になっているか ・担うメンバー同士の業務手順や連携方法は決まっているか ・意思決定の流れとリスク回避の手段は明らかになっているか
関係性 Interaction	・メンバー間のコミュニケーションは円滑に行われているか ・メンバー同士の信頼関係は築かれているか ・メンバーがお互いにフィードバックし合える場があるか

58　ジョハリの窓： 他者との相互理解を深める

相互理解により対人関係の見直しができる

　ジョハリの窓は、アメリカの心理学者 J・ルフト氏と H・インガム氏が発表した、自分と他者の認識のズレを知り、自己理解を深めていくために役立つフレームワークです。

　自分の特徴を「自分は気づいている・気づいていない」「他人は気づいている・気づいていない」という軸で 4 つの窓「開放の窓」「盲点の窓」「秘密の窓」「未知の窓」に分類します。

　自分と他者の理解のズレに気づき、そのズレを一致させていくことで相互理解を深めます。

秘密の窓・盲点の窓を減らして開放の窓を広げる

　「開放の窓」を広げるためには、「秘密の窓」「盲点の窓」を狭めるように行動します。

　「秘密の窓」を減らすためには、自分のことを他者に開示する必要があります。周囲の環境も大切であり、発言を否定せずに尊重するなど、安心で安全な場が確保されていることが前提となります。

　「盲点の窓」を減らすためには、他者から自分に対するフィードバックを率直に受け止めて、自分が知らなかった自分に気づくことが必要です。フィードバックをする立場からは、本人が気づいていない一面に気づかせてあげる配慮が大切です。

　新しいことにチャレンジすることによって「未知の窓」に気がつくことができ、自己成長のチャンスが訪れます。

【図表 58　ジョハリの４つの窓】

● ジョハリの４つの窓

	自分は知っている	自分は気づいていない
他人は知っている	「開放の窓」 自分も他人も知っている自己	「盲点の窓」 自分は気がついていないが、 他人は知っている自己
他人は気づいていない	「秘密の窓」 自分は知っているが、 他人は気づいていない自己	「未知の窓」 誰からもまだ知られていない自己

● ジョハリの窓からわかること

開放の窓	・自分も他人もよく知っている自分 ・この窓の項目が多い場合、自分の内面や能力などを他人がわかるように表に出している傾向が強い
盲点の窓	・自分は知らないが、他人は知っている自分 ・この窓の項目が多い場合、自分自身の分析ができていないか、自分が気づいていない部分が多い
秘密の窓	・自分は知っているが、他人は知らない自分 ・この窓の項目が多い場合、内に秘めている部分が多く、自己開示ができていない
未知の窓	・自分も他人も知らない自分 ・新しいことにチャレンジすることで気づいたり、新たに開発されていく

59　サティスファクション・ミラー： 従業員満足を満たして顧客満足度を高める

従業員満足と顧客満足は互いに影響を与え合う

　サティスファクション・ミラー（鏡面効果）は、従業員満足と顧客満足度が互いに影響を与え合っていることを表すフレームワークです。

　顧客との接点がある従業員の満足度の向上は、サービスの質に大きく影響するといわれています。

　従業員の満足度を高めることで、質のよいサービスを提供できる環境をつくり、そこから提供されるサービスが顧客ロイヤリティを向上させるという考え方です。

顧客のための活動が従業員の満足度向上にもつながる

　サービス業において、従業員のサービスに顧客が満足して感謝を伝えると、その従業員はモチベーションが高まり、さらによいサービスを提供するために創意工夫をします。

　よりよいサービスを受けた顧客は、満足してリピーターになり、それがさらに従業員の満足度を向上させます。

　社員教育や職場環境の充実、給与や賞与など従業員に向けた社内サービスを充実させることで、従業員の満足度やロイヤリティが高まります。

　それらの従業員による高品費なサービスが顧客満足につながり、そこで得られた収益がさらなる社内サービス向上への再投資につながるのです。

【図表 59　サティスファクション・ミラー（鏡面効果）】

●サティスファクション・ミラー（鏡面効果）

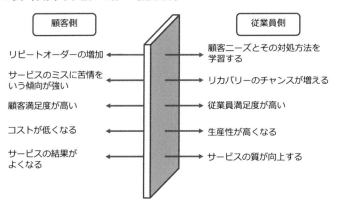

顧客側	従業員側
リピートオーダーの増加	顧客ニーズとその対処方法を学習する
サービスのミスに苦情をいう傾向が強い	リカバリーのチャンスが増える
顧客満足度が高い	従業員満足度が高い
コストが低くなる	生産性が高くなる
サービスの結果がよくなる	サービスの質が向上する

●従業員満足度を高める工夫

1. 採用：学歴や技能、専門知識、経験だけでなく、価値観や性格を重視する

2. 育成：スキルを強化する教育・研修のみならす、企業として目指すべき崇高な理念を明示し、その浸透に向けて十分な時間と手間をかけた教育や研修を行う。個人のスキルレベルを可視化する工夫を取り入れ、スキルアップを動機づける

3. 配置：マニュアルやルールによってサービス品質を担保しつつ、通常業務を超えた活躍を従業員に促す。現場から入った従業員が、その後の活躍や適性次第で管理職や経営職へと昇進する機会を与える

4. 評価：定量的な結果指標による評価だけでなく、そのサービスの目的（理念）にかなう行動を評価・称賛する。アンケート等によって定期的に顧客の評価を受ける仕組みをつくり、社内では上司からの評価だけでなく、同僚や他部門の従業員による多面的評価を行う

5. 報酬：金銭的報酬のみならず、非金銭的報酬（周囲の仲間からの感謝・称賛、ワークライフバランス、自己成長・能力開発の機会、労働環境の整備等）も含めたトータル的な報酬制度で報いる

60　GROW モデル： 5 ステップで部下の自発的な行動を引き出す

5 ステップでどのようにゴールを目指すかを考える

　GROW モデルは、英国で開発された、コーチングや問題解決を進めるときに部下が自発的に考え、行動することを促すフレームワークです。

　「目標設定（Goal）」「現状把握（Reality）」「資源発見（Resource）」「選択肢創出（Option）」「意思確認（Will）」という 5 つのステップで構成されます。

　目標を設定して現状とのギャップを可視化し、今持っている資源を整理した上で、どのように目標を達成するかを考えます。

メンバーが自主的に行動改善できるように導く

　GROW モデルは、もともとコーチングのスキルですが、上司やリーダーがメンバーの行動改善を促すときにも有効です。

　例えば、「目標達成のためにメンバーをどのように指導すればいいのか」「何を話せばいいのか」「目標をどう管理すればいいのか」「目標達成までのプロセスの確認」などの場面で使えます。

　この枠組みを意識して計画と行動を繰り返していくことで、目標達成スキルは確実に高まります。

　会議で意見を整理して進行するときや営業マンがお客様の課題を明らかにするときにも活用できます。

【図表 60 GROW モデルの進め方】

● GROWモデルの進め方

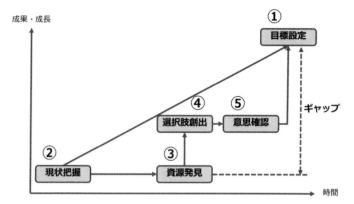

● 各フェーズでの問いかけ

フェーズ	状態	問いかけ
目標設定 Goal	最終的に達成したい目標を明確化する	・あなたはどんな夢・憧れ・使命を持っていますか ・達成したいと思うこと、成し遂げたいと思うことは何ですか ・5年後や10年後にありたいと思う姿はどんな姿ですか ・やろうと思いつつも取り組めていないことはありますか
現状把握 Reality	目標に対する現在の状況と課題を可視化する	・目標の達成度は何%程度ですか ・現在の状況を具体的に挙げてみてください ・目標達成のための課題は何がありますか ・課題を解決するために現在すでに取り組んでいることは
資源発見 Resource	目標達成のために活用できる資源を整理する	・どのような資源を持っていますか （ヒト・モノ・カネ・情報・スキルなど） ・過去の成功体験・失敗体験の中から得た教訓は何ですか ・目標達成のためにどの程度の時間を確保できますか ・目標達成を助けてくれるメンバーはどのような人ですか
選択肢創出 Option	目標達成を達成するための方法を網羅的に可視化する	・目標を達成するためにどんなことができると考えられますか ・これまでやったことのない方法にはどんな方法がありますか ・自分の得意なパターンや方法は何ですか ・その道の成功者に共通するアクションは何ですか
意思確認 Will	達成するための意思を確認し、行動の具体化に繋げる	・目標を達成した未来に期待感を持つことができますか ・この目標を本気で達成したいと思いますか ・いつまでに目標を達成しますか ・まず何から取り組みますか

61　経験学習モデル： 経験を振り返って自分のものにする

人は経験を通して学びを得て成長する

　経験学習モデルは、アメリカの組織行動学者ディビット・コルブ氏の提唱した、経験から得た知識・スキルを実践に活かすために必要なプロセスを体系化した学習モデルです。

　人は、「経験」「省察」「概念化」「試行」という４つのプロセスを繰り返すことによって、経験を単なる経験に終わらすことなく、自身の学びに変えて、次のアクションへと繋げて概念化し、学びを得て成長していくという考え方です。

経験を振り返り概念化して学びを獲得する

　経験学習モデルを用いる際には、自分が予想していなかった結果となった具体的な「経験」を取り上げ、客観的な視点で、なぜこのような成果になったのかを「省察」します。

　自分自身に「なぜだろうか？」「他に選択肢はなかっただろうか？」などを問いかけることで、振り返ります。

　「概念化」では、省察から得られた基本的な要素を抜き出して、他の場面でも利用できるように自分のなりの持論を持ちます。

　気づきや学びで得た新しい考えや方法に基づいて「試行」することで、今までとは異なる具体的な経験を積むことになり、経験学習はよりよい形で回っていきます。

　経験を概念化することで、別の状況でも対応できる知識に変換できるのです。

【図表61　経験学習モデルのサイクル】

● 経験学習モデルのサイクル

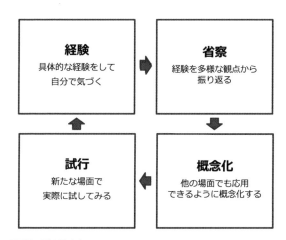

● 4つのステップの進め方

経験	・業務や活動の中で具体的な経験を行う段階 ・ここで経験した内容について、どんな経験をしたのか、具体的に何を体験したのかを書き出して整理する
省察	・経験した内容を振り返り、よかったこと・悪かったこと、狙いとのギャップなどについて書き出して整理する ・書き出した内容に対して、その背景にある原因や理由を探っていく
概念化	・成功体験を別の状況でも応用できるように、失敗体験は克服できるように持論化する ・よかった点、改善点を抽象化して、他の場面でも活用できるように情報を体系的に整える
試行	・概念化によって導き出したセオリーを別の場面でも試してみる ・実験することによって次なる具体的経験が得られ、また新たなサイクルを繰り返していく

62　Will-Skill マトリクス：
4つのタイプに合わせた部下育成を考える

メンバーの成長を加速させる

　Will-Skill マトリックスは、部下のタイプを4つに区分して把握することで、より適切な指導や指示、アドバイスの方法を考えるためのフレームワークです。

　Will は「やる気」、Skill は「能力」を表し、この2軸を置いて4分割したマトリクスにメンバーそれぞれを振り分けます。

　メンバーがどのような状態にあるかを把握することで、チームとして成果を出すために適切な人材育成の方向を考えるヒントになります。

メンバーの状況に合わせてアプローチする

　「やる気があっても能力が低い人」は、必要なスキルが身につけられるように上司が指導して育てていく必要があります。教えた後にやらせてみることです。

　「能力が高いのにやる気が低い人」は、やる気を高めるために本人の能力を認めて必要な人材であると伝えたり、仕事の重要性を訴求するといった方法が効果的です。

　「やる気も能力も低い人」に対しては、とりあえず上司が指示をして着実に実行させます。

　まずは成果を出させて、その成果を成功体験としてやる気を向上させて、次第にスキルを高めていくのがよいでしょう。一定のレベルに達するまで底上げをすることです。

【図表 62　Will-Skill マトリクスによるタイプ分け】

● Will-Skillマトリクスによるタイプ分け

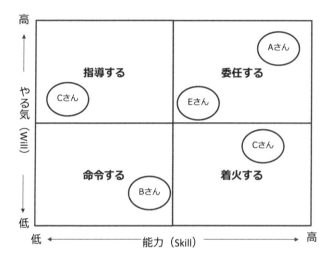

● メンバーの状況と対応方法

メンバーの状況	対応方法
やる気も能力も高い	仕事を任せたり、リーダーなどの役割を与える 任せることで、さらなる成長が期待できる
やる気はあるが能力は低い	スキルが身につくように指導して育てる やる気を保つために、できていることを承認する
能力があってもやる気が十分ではない	能力を活かすために、やる気に火をつける やる気が出せない原因を明らかにして対策をとる
やる気も能力もない	詳細な作業指示を出して命令してやらせる 一定のレベルに到達するまで底上げをする

63　Will/Can/Must： 自己分析してキャリアプランを考える

3つの輪がバランスよく重なることでモチベーションが高まる

　Will/Can/Must は、3つの項目で自己分析して、キャリアプラン設計やモチベーションマネジメントに活用するためのフレームワークです。

　3つのパート「やりたいこと（Will）」「できること（Can）」「やるべきこと（Must）」でキャリアを考えることにより、今の状況を整理することができます。

　3つの輪が、バランスよく重なることによって内発的動機づけがなされ、仕事へのモチベーションが高まります。

「Will」「Can」「Must」の3つの輪を大きくして重なる領域を広げる

　理想的なのは、「Will」「Can」「Must」の3つの輪すべてが大きくなることです。3つの輪が重なる部分を「コア（Core）」と呼びます。

　この領域は、最もモチベーションを高く行動できる項目であり、これが大きくなれば、やりがいを感じて理想の働き方ができていると言えます。

　従業員1人ひとりの持つ「Will」「Can」「Must」の輪を大きくし、3つの円の重なるコア領域を広げていくことこそ、企業として目指すべきキャリア開発支援の形です。

　企業として従業員を支援することで、組織全体の生産性を高めることができて、定着率の向上も期待できます。

【図表 63　自己分析のフレームワーク】

● 自己分析のフレームワーク

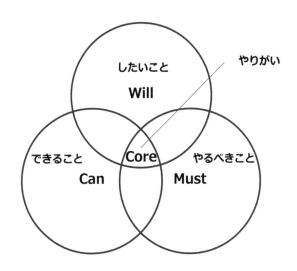

● 3つの領域

Will したいこと	・夢や憧れ、願望、志向性 ・仕事でWillを十分に満たすことができれば、労力を惜しまず努力でき、高いモチベーションにもつながる
Can できること	・職業上活かせるスキルや能力、知識、資格 ・仕事でCanを十分活かすことができれば、高い成果やパフォーマンスを挙げることも可能
Must やるべきこと	・周囲からの期待や役割 ・Mustがあることで、組織や同僚からの期待を感じられるため、高い貢献性や愛社精神にもつながる

64　ハーマンモデル：
部下の行動特性を4つに分けて育成する

人の考え方や行動スタイルは利き脳で決まる

　ハーマンモデルは、アメリカGE社のN・ハーマン氏が開発した、1人ひとりの利き脳を分析・解析し、タイプ分けして人材の適材適所を判断するためのフレームワークです。

　脳は、大脳新皮質と大脳辺縁系をそれぞれ右脳と左脳の4つに分けられます。「大脳新皮質・左脳」「大脳辺縁系・左脳」「大脳辺縁系・右脳」「大脳新皮質・右脳」に分類され、それぞれに特徴があります。　手には「利き手」があるように、脳にも「利き脳」があります。自然に使っている「利き脳」によって、考え方や行動スタイルが支配されており、それぞれの特性を理解することで、個人の能力開発や組織の活性化に役立てることができます。

価値観や行動スタイルは4タイプに分けられる

　「理性的タイプ」は、分析的な思考を好み、事実重視で先例のある確かな討論を求め、財務的、数学的な、技術的なことに関心があります。

　「創造的タイプ」は、直観が鋭く、独創的な思考を持ち、語彙力が豊かで独創的なアイデアを好みます。冒険、挑戦、リスクなどに向かう傾向が強いといえます。

　「堅実的タイプ」は、計画や実践を重視し、信頼性、能率、秩序、規律を重視して行動します。

　「感覚的タイプ」は、人間関係を重視し、チームワーク、場の雰囲気などに感受性が強く、他人を気遣い、指導・教育を好みます。

【図表64　4つの脳とハーマンモデル】

● 4つの脳とハーマンモデル

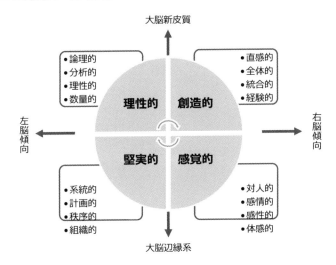

● タイプ判定チェックリスト

理性的	創造的
□事実に基づき行動する □客観的にものごとを判断する □断定的な言い方をする □議論好きである □問題を切り分けて解決する □合理的にものごとを考える □正確な数字を求める	□偏見がない □リスクを冒す □新しいことに興味がある □アイデアをよく思いつく □臨機応変に対応できる □全体的にものごとを考える □好奇心が強い
堅実的	感覚的
□ものごとの手続きを重視する □リスクを避ける □ものごとを管理するのが得意 □整理整頓が得意 □粘り強い □組織のルールを守る □仕事の段取りが上手	□友人が多い □愛情が深い □人に教えるのが得意 □人の気持ちを察するのが上手 □感情が豊か □チームで仕事をするのが好き □和を重んじる

65　OARR（オール）：
　　4つの要素で会議の生産性を高める

事前に決めておけばスムーズな会議運営ができる

　OARRは、アメリカのコンサルタントD・シベット氏が考案した、会議の生産性を高めるためのフレームワークです。

　会議のファシリテーターが、事前に、「目的（Outcome）」「議題（Agenda）」「役割（Role）」「規則（Rule）」の4項目を決めておくことで、より効率的な会議運営ができるようになります。

　会議の冒頭で、全体像を参加者と共有し、同意を得るのがオーソドックスなやり方です。

生産性の高い会議にするために欠かせない4つの要素

　会議をうまく進めるために最も大切なのが「目的」であり、参加者がなぜここに集められたのかを共有し、目指したい成果や状態を明らかにします。

　「議題」は、目的に向けた手順や道筋を表したもので、アイデアを出す時間、絞り込む時間、結論をまとめる時間をあらかじめ決めておきます。

　参加者に対しては、「役割」を明確にすることが必要であり、進行役、書記、タイムキーパーなど、参加している人の役割分担を決めておきます。

　「規則」については、特に開始と終了の時間を決めておくことが重要であり、終了時間がはっきりしていないとムダに議論を長引かせてしまう原因となります。

【図表65　OARR（オール）でゴールに向かって漕ぐ】

●OARR（オール）でゴールに向かって漕ぐ

●事前に決める４つの要素

目的 Outcome	何が会議の成果であるかを共通認識として持つ
議題 Agenda	どのような議題をどのような順番で進めていくかを決める
役割 Role	司会（ファシリテーター）や最終結論を判断する人、情報を説明する人、議事録を取る人などを決める
規則 Rule	開催時刻や禁止事項などの約束ごとを決める

第 7 章のまとめ

　管理者は、メンバー 1 人ひとりの適性や能力、価値観に合わせて仕事を割り振り、マネジメントすることで、各メンバーが能力を最大限に発揮し、組織としての効率を高めることができます。

● 「PM 理論」「SL 理論」は、組織・個人のリーダーシップのあり方を考えるためのフレームワークです。会社にとって必要なリーダーを継続的に育成する方法として「リーダーシップ・パイプライン」があります。

● 「欲求階層説」で行動を起こす動機を理解し、モチベーションを高めるために知っておきたい考え方は「2 要因理論」です。

● 「タックマンモデル」で、チームの現在地を知り、円滑なチーム運営のために「GRPI（グリッピー）モデル」でチェックします。メンバーの関係性向上には「ジョハリの窓」がヒントになります。

● 「サティスファクション・ミラー」は、従業員満足感を満たして顧客満足度を高める考え方です。

● 「GROW モデル」「経験学習モデル」は、目標設定、目標達成を支援するフレームワークです。

● 組織と個人のベクトルを一致させて育成するための考え方が「Will-Skill マトリックス」「Will/Can/Must」です。「ハーマンモデル」は、部下の行動特性を 4 つに分けて育成を考えます。

● 「OARR（オール）」は、会議の生産性を高めるために有効なフレームワークです。

第8章

組織基盤を磐石にする

66　ミッション・ビジョン・バリュー (MVV)：理念を共有して組織の力を1つにする

組織がどのような存在意義で活動するかを示す

　ミッション・ビジョン・バリューは、アメリカの経営学者ピーター・F・ドラッカー氏が提唱した、企業の行動指針や存在意義を明確にして組織内で共有するためのフレームワークです。

　「ミッション」は会社の使命、目的、存在意義のことであり、「ビジョン」とはミッションを実現させた将来のあるべき姿のことで、自社が目指すイメージをわかりやすく提示したものをいいます。

　「バリュー」とは、ミッション、ビジョンを達成するための具体的な指針や価値基準です。

進むべき道を明確に示すことで求心力が生まれる

　ミッション・ビジョン・バリューを設定することで、「何のための組織なのか、何をするのか」を明確にすることで組織の求心力を生み出します。

　自社の将来あるべき姿や進むべき方向が明確でわかりやすければ、社員は自主的な行動を起こしやすくなります。

　自社の考え方が外部に伝わりやすくなり、社員を採用するときもその思いに共感した人材が集まるので、組織の発展が期待できます。

　問題が発生したときや経営判断に迷った場合も、ミッション・ビジョン・バリューを指針として、進むべき方向を再確認できます。

　現場では、社員に浸透させるために、より具体的な言葉で表現したものとして、クレドや社訓などが使われます。

【図表 66　ミッション・ビジョン・バリューの進め方】

●ミッション・ビジョン・バリューの進め方

1．定義づけ
　・それぞれの意味について抽象的な定義を決める。

2．アイデア出し
　・大まかに定義が決まったところで具体的なアイデアを出していく。

3．共有
　・同じような内容はまとめていき、徐々に価値観を明確にしていく。
　・お互いが譲れないところも共有して価値観をとがらせていく。

4．文書化
　・最も適切な言葉を選ぶ。
　・ミッション・ビジョン・バリューに統一感を持たせる。

●ミッション・ビジョン・バリューの枠組み

ミッション Mission	存在意義	・企業が果たしたいと考える役割や企業活動を規定する ・普遍的ではあるが時代とともに組み換えられる
ビジョン Vision	目指す姿	・中長期的に実現したい状態 ・時期や定量的な到達目標 ・経営環境に合わせて流動的に設定される
バリュー Value	価値観 行動指針	・日々の判断・行動の基準となる姿勢や価値観 ・組織独自の考え方と優先順位 ・継承されるものと時々で追加されるもの

157

67　レヴィンの変革プロセス： 3段階のプロセスで組織を変革する

組織変革のプロセスをシンプルに定義する

　レヴィンの変革プロセスは、ドイツの社会心理学者クルト・レヴィン氏が提唱した、組織における変革を3つのプロセスで示したフレームワークです。

　組織内の人の心理的な変化に着目し、人の思考や組織が変わるためには、①従来のやり方や価値観を壊し（解凍）、②それらを変化させ（変革）、③新たな方法や価値観を構築する（再凍結）という3段階のプロセスが必要であるとしています。

改革を行って課題を改善して定着させる

　「解凍」のステップでは、組織メンバーがどのように行動してよいかわからず、模索している状態です。

　変革が必要な理由をメンバーに納得させて、新しいものを受け入れるための準備を整えることに集中します。

　「変革」では、組織全体に変革を広げていきます。

　予期しない障害にぶつかれば、段階的となる場合もありますが、全員を新しいシステムへと移行させていきます。

　変革を実行したら、「再凍結」によって新しいやり方を標準モデルとして継続していきます。

　メンバーが納得して行動することで成功体験が増えてくると、新たな組織文化を定着させることができます。

【図表 67　レヴィンの3段階の変革プロセス】

●レヴィンの3段階の変革プロセス

解凍
Unfreezing

・組織における既存の文化や価値観、作業プロセスや組織体制を崩す
・これによって、新たな組織づくりに向けた準備を始めていく

・環境、戦略、組織分析と変革の方向性模索
・変革ビジョンの構築
・過去との決別、動機づけ
・危機意識の醸成

変革
Moving

・新たなプロセスや文化を根づかせるために、組織の構成員が「学習」していく
・実際に、それぞれがどのような役割を担うかを学んでいく

・強いリーダーシップ発揮
・指示基盤の確立
・実行計画の策定
・変革を促す仕組みづくり
・誠実なコミュニケーションと巻込み

再凍結
Refreezing

・組織や構成員が以前の状態に戻ることを防ぐために、定着や習慣づけをする
・変革によってもたらされた変化を定着させる

・変革の継続性
・自律性確立

68　変革の８段階： 組織を変革するためには８つの手順がある

企業変革は正しい手順で進める

　変革の８段階は、アメリカの経営学者ジョン・コッター氏が提唱した、組織が変革するためには８段階のプロセスを踏む必要があることを示したフレームワークです。

　企業が変革の成功確率を高めるためには、「①危機意識を高める」「②変革推進のチームをつくる」「③ビジョンを掲げる」「④ビジョンを周知徹底する」「⑤自発的行動を促す」「⑥短期的成果を実現する」「⑦更なる変革を進める」「⑧変革を定着させる」の８つのプロセスを推進する必要があります。

プロセスを飛ばすことなく順を追って進める

　企業の大規模な変革が進まないのは、不確実性に対する恐れ、内向きの企業文化、相互の信頼感の欠如、チームワークの不足、リーダーシップの不足などの要因があるからです。

　これを打ち破るには、トップの本気度を知らしめ、本気の議論、柔軟な発想を促すことが必要となります。

　大規模な変革を推進するためには、変革を担うリーダーがこの８つのプロセスを安易にスキップすることなく、順を追って進めることが大切です。

　いかなる変革も一気に全体を変えることはできず、熱意のあるチームによって、小さな部分から着実に変えて成果を上げ、定着させていく必要があります。

【図表68　変革の8段階プロセスの進め方】

●変革の8段階プロセスの進め方

1	危機意識を 高める	・危機意識を高めて「何とかしなければ」という話合いが始まるようにする ・変革を妨げる現状不満や不安、怒りを抑える
2	変革推進のための チームを築く	・変革を主導できる適性と権限を備えた人材を集める ・お互いが信頼し合い、結束して行動できるようにする
3	ビジョンと戦略を 生み出す	・変革を主導するようなワクワクするビジョンを掲げる ・ビジョンを実現するため、変革推進チームが大胆な戦略を描くようにする
4	変革のビジョンを 周知させる	・変革によって何を目指すのか、明確で心に響くメッセージを伝える ・コミュニケーションのチャネルを整理し、混乱や不信を取り除く
5	従業員の自発を 促す	・ビジョンや戦略に賛同する人たちの障害になっているものを取り除く ・組織の障害とともに心の障害を取り除くことで行動を変化させる
6	短期的成果を 実現する	・短期間で成果を上げ、悲観論や懐疑的見方を封じ込めて変革に勢いをつける ・目に見える成果や心に訴える成果を生むようにする
7	更なる変革を 進める	・ビジョンが実現するまで変革の波を次々と起こしていく ・不要な仕事を削り、変革の途上で燃え尽きるのを防ぐ
8	変革を企業文化に 定着させる	・行動を企業文化に根づかせることによって、過去に引き戻されるのを防ぎ、新たなやり方を続ける ・研修や昇進、感情の力を利用して集団の規範や価値観を強化する

69　VSPRO（ブイエスプロ）モデル：目指す組織の姿や戦略を検討する

内部環境を5つの要素で分析して改善点を考える

VSPRO モデルは、コンサルティング会社アーサー・D・リトル社が開発した、5つの視点からマネジメントシステムの理想と現状を分析するフレームワークです。

企業が行う事業の内部環境を「ビジョン（Vision）」「戦略（Strategy）」「プロセス（Process）」「リソース（Resource）」「組織（Organization）」の5つの要素ごとに分析し、あるべき姿と現状のギャップを検討して改善点を考えます。

経営者だけでなく現場の人間とともに問題を捉える

外部に対しての戦略をどれほど考えても、それを実行できる組織がなければ意味がありません。

VSPRO モデルの目的は、構成要素ごとに企業内部の状態を把握して、各構成要素とその問題点が見えるようにすることです。

組織としてこれからどういった「ビジョン」を掲げるか、そのビジョンは適切な目標になっているかを検討します。

ビジョンに対してそれを達成することができる「戦略」を立てているかが重要となります。

戦略を実行するためにはどういった「手順（プロセス）」を踏むのか、実行するための「資源（リソース）」があるかを分析します。

その上で、戦略を実行するために社内の「組織」体勢が整っているかを考えていきます。

【図表 69　VSPRO モデルの進め方】

●VSPROモデルの進め方

> 1．ビジョンに合っているのか
>
> 2．全社戦略と整合がとれていて、戦略として正しい方向性になっているか
>
> 3．プロジェクトの実行プロセスは明確になっているか
>
> 4．プロジェクトを成功させるのに十分なリソースはあるのか
>
> 5．実行組織は確実にプロジェクトを運営できるのか

●5つの要素を分析する

Vision（ビジョン）	「どのようなビジョンを掲げているのか」 「そのビジョンは適切なものなのか」
Strategy（戦略）	「戦略はビジョンに沿ったものになっているか」 「競合と差別化できる戦略になっているか」
Process（プロセス）	「戦略実行のためのプロセスはどのようになっているか」 「そのプロセスは戦略に沿ったものになっているか」 「そのプロセスは競争優位の源泉となり得るか」
Resource（リソース）	「プロセスを遂行できる十分なリソースを持っているか」 （十分な資金、十分な設備、能力の高い従業員）
Organization（組織）	「戦略・プロセスを実行できる組織構造になっているか」 「従業員はビジョンや戦略を理解しているか」 「中間管理職は従業員を動機づけられているか」

70　成功循環モデル：組織が活性化するサイクルを回す

組織が継続して成果を上げていくための仕組みを示す

　成功循環モデルは、アメリカMITのダニエル・キム氏が提唱する、組織の状況を動的に捉え、よりよい組織を生み出すフレームワークで、多くの組織開発で活用されています。

　組織は、4つの質「関係の質」「思考の質」「行動の質」「結果の質」で捉えることができ、それぞれが成果に大きく影響を与えます。

　人間関係がよくなれば、前向きな考え方が生まれ、自主的な行動ができます。よい結果が生まれると人間関係がさらによくなるというサイクルが回ります。

グッドサイクルは組織を成功に導く

　関係の質が悪化するとメンバーは考えることを諦め、受身になってしまい、思考の質が下がり、やらされ感で行動するため、結果として成果に結びつきません。

　成果が上がらなければ、対立や押つけ、命令が横行し、関係の質がさらに低下するという「バットサイクル」に陥ります。

　「グッドサイクル」は、関係の質を高めることから着手します。

　メンバーがお互いを尊重して一緒に考えることで、アイデアが生まれ、思考の質が上がります。仕事が面白くなると、自発的に挑戦することで行動の質が高まり、成果が上がるようになります。

　皆が成長実感を持つことで、信頼関係がより高まり、更なる成果につながる好循環が回ります。

【図表 70　成功循環モデル】

●成功循環モデル

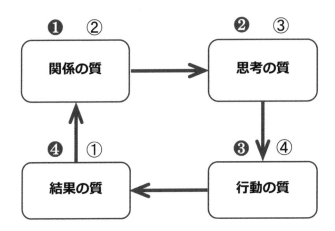

●グッドサイクルとバットサイクル

> ### グッドサイクル
>
> ❶ お互いに尊重し一緒に考える（関係の質）
> ❷ 気づきがある、おもしろい（思考の質）
> ❸ 自分で考え自発的に行動する（行動の質）
> ❹ 成果が得られる（結果の質）

> ### バッドサイクル
>
> ① 成果が上がらない（結果の質）
> ② 対立、押し付け、命令する（関係の質）
> ③ おもしろくない、受け身（思考の質）
> ④ 自発的・積極的に行動しない（行動の質）

71　SECI（セキ）モデル： 4つのプロセスで暗黙知を形式知にする

4つのプロセスを経て組織としての形式知へ変わる

SECI（セキ）モデルは、一橋大学の野中郁次郎氏が提示した、暗黙知は4つのプロセスを経ることで、共有できる形式知になるというフレームワークです。

経験的に体得した知識でも言葉で簡単に説明できない暗黙知は、4つのプロセス「共同化 (Socialization)」「表出化 (Externalization)」「連結化 (Combination)」「内面化 (Internalization)」を通して、組織で共有できる形式知に変換することができると考えられています。

形式知と暗黙知を変換しながら実践して進化させていく

「共同化」の段階では、知識を得たい人が知識を持っている人から教えてもらって暗黙知を得ます。暗黙知が暗黙知として伝えられるのです。

教えてもらった暗黙知を他者と共有できるように、言葉や図などに表現して形式知にする「表出化」の段階になると、理解が進んでいきます。

既存の形式知と新しい形式知を組み合わせて体系的な形式知を創造する「連結化」段階では、バラバラだった知識が編集されて体系化されます。

まとまった形式知が、個人的な知的資産へと変わっていく段階が「内面化」です。実践することによって、新たなコツやノウハウが生まれ、新たな暗黙知として他者に伝えられていきます。

【図表 71　SECI モデルの 4 つのプロセス】

● SECIモデルの4つのプロセス

共同化 (Socialization)	・対話や経験などによって、暗黙知をお互いに共有する （例）OJTなどを通じて暗黙知を伝達する
表出化 (Externalization)	・得られた暗黙知を共有できるよう形式知に変換する （例）社内に存在する暗黙知をマニュアルなど客観視できるものに変換する
連結化 (Combination)	・形式知同士を組み合わせて新たな形式知を創造する （例）形式知をグループウェアなどに集約し体系的な知識へと変換する
内面化 (Internalization)	・利用可能となった形式知をもとに、個人が実践を行い、その知識を体得する （例）新たに創造された形式知を個人が身に付け、知的資産へと変換する

● 暗黙知と形式知

暗黙知	形式知
・言語化が困難な知識 ・現時点の知識、現場の文脈に基づく知識 ・具体的な勘所、コツに結びついた技能 ・感情的、情念的、アナログ的 ・具体的体験を伴う共同作業により共感、発展、増殖が可能	・言語化された知識 ・体系的、間接的知識 ・過去の知識、時空間超えて移転や再利用ができる知識 ・理性的、論理的 ・デジタル知 ・言語を通じて共有、編集が可能

72　フォースフィールド分析： 変革への抵抗を見極めて対策する

「推進力」と「抵抗力」を可視化する

　フォースフィールド分析は、ドイツの社会心理学者クルト・レヴィン氏が考案した、活動やアイデアなどに対して働く「推進力」と「抵抗力」を可視化して意思決定に繋げるフレームワークです。

　あるアイデアを実行するに当たってチームの内部から生まれてくるアイデアを「推進力」と「抵抗力」で見たとき、どのような要素が存在しているか、それぞれの関係性はどのような状況にあるのかを可視化し、対策を考えることで実行力を高めていきます。

計画がうまくいかない理由を共有して改善策を検討する

　ある計画を実行しようとする場合には、様々な力が均衡していると考えられます。

　前に進むためには、プラスの力をうまく使いながら、マイナスの力を減らす方法を考えていく必要があります。

　とりわけ、うまくいっていない状況のときには、現状を維持しようとする力が働き、実行を妨げる大きな向かい風になります。

　現状について、「推進力」「抵抗力」をそれぞれ思いつく限り書き出し、それぞれの力の大きさを評価します。

　「矢印の向き」と「矢印の太さ」で表現することで、状況を俯瞰的に捉えることができます。

　その力の釣合いで現状を判断して、「抵抗力」を減少させる方法や「推進力」を増加させる方法を考えていくことが有効です。

【図表 72　フォースフィールド分析の進め方】

● **フォースフィールド分析の進め方**

> 1．テーマやアイデアを書き出し、中央に縦線を引く
>   ・左側が「推進力の領域」右側が「抵抗力の領域」となる。
>
> 2．推進力・抵抗力となる要素を書き出す
>   ・発生する推進力を中央の線より左側に、抵抗力を右側に書き出す。
>   ・目に見える現象だけではなく、その背景にある要因や人の心理などに
>   関する情報を収集・分析して可視化することがポイント。
>
> 3．推進力・抵抗力の大きさを可視化する
>   ・推進力・抵抗力それぞれの大きさを矢印の長さや太さで表現する。
>
> 4．各要素に対する対策の方向性を考える
>   ・それぞれの要素に対する対策の方向性を考える。
>   ・推進力については活かすための方法、抵抗力については軽減したり
>   克服する方法を考える。

● **推進力と抵抗力**

目標：新規事業を立ち上げる

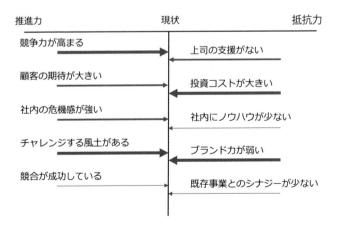

推進力	現状	抵抗力
競争力が高まる		上司の支援がない
顧客の期待が大きい		投資コストが大きい
社内の危機感が強い		社内にノウハウが少ない
チャレンジする風土がある		ブランド力が弱い
競合が成功している		既存事業とのシナジーが少ない

73　システム思考：
問題の構造を捉えて解決策を見つける

問題をシステムとして捉えて解決する

システム思考は、問題となっている対象をシステムとして捉え、全体を複眼的な視点で見ることによって一面的な見方を避け、根本的な問題解決方法を導き出そうとする考え方です。

物事を一連のつながりとして捉え、そのつながりの質や相互作用に着目します。

論理的思考が主張に対して違和感のない根拠を示すのに対し、システム思考では要素や要素のつながり、プロセスに着目して最も効果的な解決のための働きかけを考えます。

氷山モデルと因果ループ図

「氷山モデル」は、目に見える問題は問題の全体像の一部であり、表面的な問題に対して対策をしても、根本的な問題は解決されず、時間が経つとまた同じような問題が発生するという考え方です。

問題全体を4つの階層に見立て、表面にある「出来事」、出来事の起こる中長期的な傾向である「パターン」、パターンを生み出す「構造」、その構造の前提にある「固定観念」に分けて捉えます。

「因果ループ図」とは、問題に関係する要素を洗い出し、原因と結果の関係を矢印で結んだものです。

要素同士の相互作用を線で繋げることで、パターンを視覚的に把握でき、要素と要素の関係がモレ・ヌケなく調べられます。問題の全体像が把握でき、全体最適となる解決がしやすくなります。

【図表 73　システム思考の進め方】

●システム思考の進め方

1．課題を設定する
・どのような目標を持っているのか、何について理解したいのか。

2．現状パターンを分析する
・設定した課題を俯瞰的に捉え、問題を起こす現状のパターンを発見する。

3．改善策を考え、行動計画を立てる
・現状のパターンを引き起こす構造に対して改善策を考え、具体的な行動計画を立てる。

4．行動計画を実施する
・課題の難易度に応じて、行動計画を考えて実行する。

5．結果を振り返り、広げる
・結果を振り返り、行動計画が現状のパターンにどのように影響したかを把握する。

●氷山モデルと因果ループ図

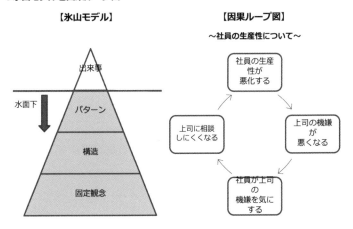

第８章のまとめ

　組織において大切なことは、組織を構成するメンバーの意思が同じ方向に向いていることです。盤石な組織とは、堅固で安定していて少しのことでは動じることがない組織です。

　自社の経営資源やビジネスモデルをより魅力あるものへと磨き上げていく必要があります。

●組織の力を１つにするためには、「ミッション・ビジョン・バリュー（MVV）」をつくり出し、組織に浸透させることが大切です。

●組織を変革するためのプロセスとして、「レヴィンの変革プロセス」「変革の８段階」があり、時流に合った組織変革への取組みのヒントにつながります。

●「VSPRO（ブイエスプロ）モデル」で、目指す組織の姿を描きます。「成功循環モデル」を活用すれば、組織が成長し継続的に結果を出せるグッドサイクルを回すことができます。

●「SECI（セキ）モデル」は、個人が持っている知識や技術といった暗黙知を組織で管理し、形式知に変えて共有するための枠組みです。

●物事を進める際に生じる推進力と抵抗力を可視化するフレームワークが、「フォースフィールド分析」です。

●悪循環から抜け出すときには、「システム思考」により、根本的な解決策が見つけやすくなります。

おわりに

　料理が苦手な人が、全くレシピを見ないでつくった場合と、レシピを見ながらつくった場合を比べると、後者のほうがうまくいく可能性は高いでしょう。

　ビジネスの世界で昔から広く使われているフレームワークは、経営学者やコンサルタントが試行錯誤しながら磨き上げられた定番のレシピと言えます。先人たちが生み出した一定のパターンや思考法といったフレームワークを上手に使いこなせば、全くフレームワークを意識しないケースよりも、たくさんのメリットがあるのです。

　そうはいっても、よいレシピがあるからといって、必ずしも美味しい料理ができるわけではありません。経験豊富な料理人は、時と場合に応じて、最適なレシピを選択します。どの素材を選んで、どのように調理するのかという判断をします。最終的に料理の味を左右するのは、料理人の腕です。

　フレームワークを使ったとしても、それが必ず優れたアウトプットを生むというわけではありません。それを使ってどのような答えを導き出すのかは、使う人の思考力次第です。

　ビジネスフレームワークを「ただ知っているだけ」では、仕事のスピードを上げることにつながりません。重要なのは、覚えることではなく、使いこなせるようになることです。まずは、思考のトレーニングとして、毎日の業務の中で繰り返し使ってみることをおすすめします。

イントランスＨＲＭソリューションズ株式会社　代表取締役　竹村　孝宏

【参考文献】

・『ビジネス・フレームワーク』(堀公俊著／日本経済新聞出版社刊)
・『アイデアフレームワーク』(堀公俊著／日本経済新聞出版社刊)
・『知的生産力が劇的に高まる最強フレームワーク１００』(永田豊
　志著／ＳＢクリエイティブ刊)
・『問題解決フレームワーク大全』(堀公俊著／日本経済新聞出版社
　刊)
・『フレームワーク使いこなしブック』(吉澤準特著／日本能率協会
　マネジメントセンター刊)
・『ファシリテーターの道具箱―組織の問題解決に使えるパワーツー
　ル 49』(森時彦著／ダイヤモンド社刊)
・『最速２時間でわかる ビジネスフレームワーク』(三枝元著／ぱる
　出版刊)
・『60 分でわかる！ビジネスフレームワーク』(ビジネスフレーム
　ワーク研究会著／技術評論社刊)
・『グロービスＭＢＡキーワード 図解 基本フレームワーク 50』(グ
　ロービス著／ダイヤモンド社刊)
・『グロービスＭＢＡキーワード 図解 基本ビジネス分析ツール 50』
　（グロービス著／ダイヤモンド社刊)
・『ビジネスフレームワーク 見るだけノート』(島田毅著／宝島社刊)
・『ビジネスフレームワーク図鑑』(株式会社アンド著／翔泳社刊)
・『競争の戦略』(マイケル・Ｅ・ポーター著／土岐坤、中辻萬治、
　服部照夫訳／ダイヤモンド社刊)
・『リーダーシップの科学 指導力の科学的診断法』(三隅二不二著
　／護談社刊)
・『コトラー＆ケラーのマーケティング・マネジメント 第 12 版』

（フィリップ・コトラー、ケビン・レーン・ケラー著／恩藏直人
監修／月谷真紀訳／丸善出版刊）

・『競争の戦略』（マイケル・E・ポーター著／土岐坤、中辻真治、
服部照夫訳／ダイヤモンド社刊）

・『競争優位の戦略―いかに高実績を持続させるか』（マイケル・E・
ポーター著／土岐坤訳／ダイヤモンド社刊）

・『コア・コンピタンス経営―未来への競争戦略』（ゲイリー・ハメ
ル、C・K・プラハラード著／一条和生訳／日本経済新聞社刊）

・『改訂3版グロービスMBAクリティカル・シンキング』（グロー
ビス著／ダイヤモンド社刊）

・『発想法の使い方』（加藤昌治著／日本経済新聞出版社刊）

・『問題解決プロフェッショナル 思考と技術』（齋藤嘉則著／ダイヤ
モンド社刊）

・『問題発見プロフェッショナル 構想力と分析力』（齋藤嘉則著／ダ
イヤモンド社刊）

・『ハイ・コンセプト「新しいこと」を考え出す人の時代』（ダニエ
ル・ピンク著／三笠書房刊）

・『3分でわかるロジカル・シンキングの基本』（大石哲之著／日本
実業出版社刊）

・『地頭力を鍛える』（細谷功著／東洋経済新報社刊）

・『ビジネス頭を創る7つのフレームワーク力』（勝間和代著／ディ
スカヴァー・トゥエンティワン刊）

・『ロジカル・シンキング』（照屋華子ほか著／東洋経済新報社刊）

・『営業の問題解決スキル』（斎藤顕一著／ゴマブックス刊）

・『仮説思考BCG流問題発見・解決の発想法』（内田和成著／東洋
経済新報社刊）

著者略歴

竹村 孝宏（たけむら　たかひろ）

奈良県生まれ。イントランスＨＲＭソリューションズ株式会社代表取締役。中小企業診断士。キャリアコンサルタント。

大阪市立大学商学部卒業、豪州ボンド大学大学院経営学修士課程修了（MBA）。

1982年日本電装㈱（現㈱デンソー）に入社し、企画、営業部門を経て、「新興国向け低コスト製品企画」「コンパクトカー向け事業企画」等、日本、中国での全社プロジェクトリーダーとして手腕を振い、「社長賞」を受賞。

在職中、「リーダーが変わる覚悟をもって変われば、人は変わる！　組織は変えられる！」ことを、身をもって体験。現在は人材育成事業に専念している。

現場の最前線で培った豊富なノウハウを体系化した能力開発トレーニングや営業力強化指導に当たっている。

実践的なコミュニケーション・トレーニング、ロジカルシンキング、プロジェクトマネジメント、階層別研修において、受講者の立場に立った熱血指導には定評がある。

著書には、『部下をたちまちやる気にさせるモチベーション・マネジメント入門』、『部下をやる気にさせるモチベーション・マネジメントの技術』、『30代リーダーのための聞く技術・伝える技術』（いずれも中経出版刊）等がある。

仕事が速い人は何をしているのか？
ビジネスフレームワーク活用法

2021年8月30日 初版発行

著　者	竹村　孝宏　Ⓒ Takahiro Takemura
発行人	森　　忠順
発行所	株式会社 セルバ出版

　　　　〒113-0034
　　　　東京都文京区湯島1丁目12番6号 高関ビル5B
　　　　☎ 03 (5812) 1178　　FAX 03 (5812) 1188
　　　　http://www.seluba.co.jp/

発　売	株式会社 三省堂書店／創英社

　　　　〒101-0051
　　　　東京都千代田区神田神保町1丁目1番地
　　　　☎ 03 (3291) 2295　　FAX 03 (3292) 7687

印刷・製本　株式会社 丸井工文社

Printed in JAPAN
ISBN 978-4-86367-684-8